说话心理学

把心摸清楚　把话说漂亮

端木自在 / 著

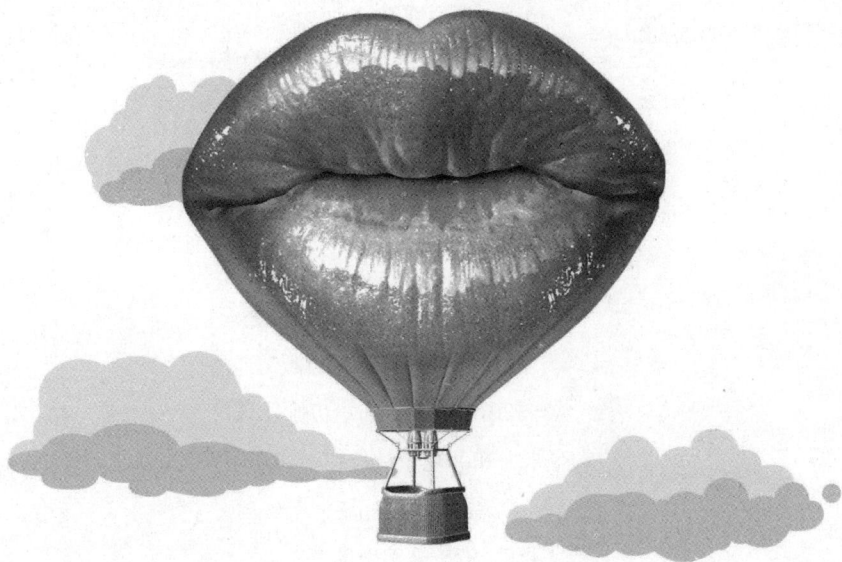

江西人民出版社
Jiangxi People's Publishing House
全国百佳出版社

图书在版编目（CIP）数据

说话心理学/端木自在著. --南昌：江西人民出
版社，2016.7
ISBN 978-7-210-08482-2

Ⅰ.①说… Ⅱ.①端… Ⅲ.①心理交往－语言艺术－
通俗读物 Ⅳ.①C912.1-49

中国版本图书馆CIP数据核字(2016)第099197号

说话心理学

端木自在 / 著

责任编辑 / 陈子欣

出版发行 / 江西人民出版社

印刷 / 北京柯蓝博泰印务有限公司

版次 / 2016年7月第1版

2018年6月第4次印刷

720毫米×1000毫米　1/16　16.5印张

字数 / 211千字

ISBN 978-7-210-08482-2

定价 / 36.00元

赣版权登字-01-2016-306

前　言

心理学与说话两者的关系是密不可分的。一句话或者发人深省，或者震撼人心，或者如沐春风，或者妙语连珠，具有神奇的效果和魅力。同时，一个人的心理状态和情绪变化也会影响他的说话水平。比如，当心情紧张时，会语无伦次；当心情放松时，会言谈自如。

这一点从日常生活的人际交往中就可以体现出来。一句话能说得人跳，也能说得人笑，就是这个道理。会说话的人，真诚恳切打动人心，不会说话的人，口若悬河令人烦心；会说话的人，巧言令色哄人开心，不会说话的人，话不投机伤人伤己；会说话的人，口吐莲花温暖人心，不会说话的人，拙嘴笨舌尴尬堵心。总之，说话不仅展示的是一个人超强的表达能力和深厚的语言工夫，也反映了其内在修养和良好的心理素质。

说话能力是现代人必备的素质之一。会说话，表达力强，你就能在错综复杂的人际关系中游刃有余，为成功打开更多的通路。会说话，往往会带来好人缘、好运气和好财气。会说话，等于铺就了一条通向成功的坦途。

说话是一门艺术，可以传达思想感情，也可以增进人际交往。善于说话，小则可以娱人，大则可以兴国。虽然每个人都知道说话的人很多，但能把话说好的人却不多，把话说到对方的心里，做到既入耳也入心，则更为不易。

说话也要讲究方法和诀窍。比如，在说话的时候要认清对象；顾虑别人的情感；坦白直率，细心谨慎；谈话时间每次不可太长；说话的时候不可唯

1

我独尊；说话要恰到好处、看清场合等，需要我们认真思考和对待。一个人只有掌握良好的说话之道，才有可能获得成功。

会说话是一个人一生中最重要的也是最基本的能力。在人生的各个场合，如果说话水平欠佳，缺乏娴熟的表达力和沟通力，你的人生将有可能陷入困境和僵局，难以达成意愿，实现目标。

想要把话说好离不开心理学，会说话的人都是心理学大师。

《说话心理学》结合大量典型生动的案例，以处事交际、求人办事、生活婚姻、亲子沟通、商务职场等人生的各种场合为例，阐述了说话时运用心理学的益处和效力，揭示了不同场合下有效的说话方法和技巧。同时，书中结合心理学规律，为读者提供了一条快速提高说话能力的捷径，帮助读者朋友提升表达力、沟通力、攻心力，让你游刃于社交、事业、生意等场合，征服人心，赢得机遇，成为能说会道、广受欢迎的人。

目　录

懂点心理学，跟谁都能谈得来
——心理学与说话之道

话多不如话少，话少不如话好
——处世交际攻心话术

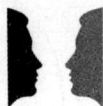

"怎么说"比"说什么"更重要

——求人办事攻心话术

会说话，全世界就是你的
——职场工作攻心话术

懂点心理学，跟谁都能谈得来

——心理学与说话之道

说话心理学——

　　口才是闯荡社会的实用技能，精通心理学的知识，把握他人心理，掌握说话技巧，会让你获得最佳的沟通效果，轻松达成目的。你要知道：懂点心理学，跟谁都能谈得来。职场上，领导赏识的心腹，一定是口才好的那一个！情场上，懂得逗人开心的总是比较吃香！交际场上，讨人喜欢的定是会说话的那位！懂心理的人受欢迎，会说话的人更出众。

第一章
由嘴读心：说话离不开心理学

做听得懂话外音的语言高手

言为心声。言谈之中，往往流露出心理、感情和态度。所以，如果你想迅速了解一个人，就不要自己喋喋不休说个没完，多给对方说话的机会，让他露出自己的底牌。

生活中有大量的话不用直接说出来，话里带出来就行了，更有不能直言的意思，得靠暗示来表达。这就要求我们要善于听懂话外之意，弦外之音，这样才能更好地跟人沟通，在交流时更好地把握对方的意思。

在商场上，有时为了达到降低成本的目的，客户会用一些不存在的"实事"来进行试探或胁迫，我们称之为"伪理由"，这时候就看我们的"听力"如何了！

例如对方会说：

——"在别的经销商那里也有同样的商品，价格要便宜的多！"

——"产品是不错，不过我们还要考虑考虑！"

——"还有几家供应商，也来找过我们！"……

其实要想判定对方所说是否属实并不难，只需要问得具体一些，对方便

开始闪烁其辞了，毕竟真的假不了，假的也真不了！

公关专家提醒你，与上级领导谈话时更要注意，因为领导的语言是最具揣摩性的。

比如你刚到一家公司不久，领导找你谈话："你到公司还没多久，工作成绩不错，以后有什么打算呢？"很轻松的一句话却含有领导特殊的意图，他是在考察你的工作心态。

你若很坦率地说出自己的理想志向，领导会以为你过于幼稚而缺乏城府；你若大谈自己与公司不相干的事业理想，上司会了解到你眼下只是把公司当成一个跳板，一旦有了机遇你就会远走高飞，根本没有为公司的长远发展打算。

这时你就该谨慎而言："我想就目前的工作先干一段时间再说，以后再做打算也不迟。"以这种含蓄的语言回答是比较稳妥的。

要学会暗藏释说，以柔克刚。在日常生活中，如果说话人是利用会话隐涵来侮辱人，听话人就更应注意了。听话人不仅要善于听出对方的恶意，而且必要时可以"以其人之道还治其人之身"，给对方一个含蓄的回击。

据说，有一位商人见到诗人海涅（海涅是犹太人），对他说："我最近去了塔希提岛，你知道在岛上最能引起我注意的是什么？"海涅说："你说吧，是什么？"商人说："在那个岛上呀，既没有犹太人，也没有驴子！"海涅回答说："那好办，要是我们一起去塔希提岛，就可以弥补这个缺陷。"

这里商人把"犹太人"与"驴子"相提并论，显然是暗骂"犹太人与驴子一样，无法到达那个岛"，而海涅则听出了对方的侮辱和取笑，回答时话里有话，暗示这个商人是个驴子，使商人自讨没趣。

言谈能告诉你一个人的地位、性格、品质及至流露内心情绪，因此听弦外之音是"察言"的关键所在。只有正确地"察言"，才能在和他人的交往中把握他们的想法，更好地沟通。

分辨声音，了解内心的变化

《礼记·乐礼》上讲"凡音之起，由人心生也。人心之动，物使之然也。感于物而动，故形于声。声相应，故生变。"主要意思是说，人的声音是随着内心的变化而变化的。内心的变化又是受外物的影响而变化的。

古人用五行来划分人的五种声音：

金声者，悦耳和润。木声者，高亢响亮。水声者，缓急相间。火声者，焦急暴烈。土声者，沉重厚实。

人的声音确实各不相同。既与先天遗传有联系，又受后天生长环境的影响。从某种意义上讲，一个人说话的声音还表现出这个人的健康状况和文化品格，是俗是雅，是贵是贱，是刚是柔，是智是愚。

一个人音调的抑扬顿挫又反映在说话的具体语气上，音调通过语气借助语言表达出来。而语气比语言更具有个人感情色彩。一个人的心态和精神状况直接影响着语气表达感情色彩的深浅浓淡。俗话说："听话听音，浇树浇根。"把握一个人的声音，就有可能了解一个人。

低声和气型　这一类型大多是男性。这类男性一般胸襟开阔，朴实厚道。他们有一定的宽容心和坚韧力，能够坚定自己的信念，独立干自己的事业，能吸取别人的长处又有自己独到的见解。他们具有同情心，能够帮助和体谅他人。而这一类型的女性也比较温柔和善、通情达理。但这类人的缺点是多愁善感，有时显得优柔寡断。

轻声弱气型　这种人说话很轻柔，像底气不足。这类人为人处世比较小心谨慎，他们具有较高的文化修养，言谈举止非常典雅，又显得十分谦恭，很懂得尊重人。这类人看似具有宽广胸襟，从不刻意要求他人，也不过分责怪他人，但他会采用悄无声息的方式渐渐疏远你。怕沾惹上麻烦是这类人狭

隘的一面。

高声大气型 这类人性格多是比较粗犷、豪爽，为人坦率、耿直、真诚、热情，说话、做事爱直截了当，从来不会拐弯抹角兜圈子。但这类人比较暴躁，缺乏耐心。一旦受委屈他们会尽力为自己挽回，毫不示弱，据理力争，直到挽回自己的损失为止。他们有时会在紧急情况下充当先锋，起召唤、鼓动的作用，但有时缺乏理性智慧，容易被狡猾的人所利用。

凝重深沉型 这种人具有大才，对人情世故看得很透彻，具有很高的理想与远大的抱负；但他们往往不屑于世俗浊流，清高自洁。这种人往往得不到重用，壮志难酬，抱负难得施展。

尖锐犀利型 这种人说话尖锐犀利，坚固苛刻，从不体会对方的感受。在谈话时，一旦抓住对方语言的漏洞，就会不留情面地攻击到底，让对方无话可说，颜面扫地。这类人爱攻击别人的弱点，很难把握大局面，观点过于偏激，待人也比较挑剔，很刻薄。

刚毅坚强型 这种人语调果断有力，响亮干脆。他们办事原则性强，公正无私，是非分明。但是由于原则性太强让人觉得没有商量的余地，多少显得不善变通，过于固执。不过由于他们能做到公正廉洁，舍己为人，还不失大将风度，往往能得到人们的尊重与拥护。

温顺平畅型 这类人说话速度较慢，音调适中，语气平和。他们性格温和，淡泊处世，与世无争，易与人相处。但因为天性温和软弱，行动上缺乏刚强与魄力，常有息事宁人的思想，因而胆小怕事，不爱招惹是非，对外界复杂的事物采取逃避态度。如果他们身边能有一位积极上进的人常熏陶指导他，增强他的魄力，他们就会成为一个刚柔并济的人，能做出一番令人刮目相看的大事业。

此外，说话语气平稳的人，性格比较正直；说话音调平直，词语含糊不清者，比较平庸，没有才气；说话音调明朗，节奏适当，抑扬顿挫分明的人，具有艺术性，是位理想主义者，他们不注重现实，爱幻想，爱浪漫；说话语气很冲，语调铿锵有力的人，往往是任性的人，做事武断，态度蛮横霸道；说话语气低沉、缓慢，语调断断续续，这类人多疑，凡事都抱有怀疑态度；说话语气、音调、音色均变化频繁的人，这类人轻率不稳定，没有责任心，自私自利思想严重；说话音调又细又尖，刺耳难听，这类人一般很孤僻，不容易与他人交往。

在谈话过程中，音调突然增高或变低，证明说话者要强调他重要的言语，你要仔细听了；谈话者故意将音调压低、拖长、突然停止或停顿的时间稍长，这证明说话人想让你仔细揣摩他的话，理解他的话。

与音调相类似，语速同样也是说话者心理、感情和态度的流露，语速的快慢、缓急直接反映着说话人的心理状态。

在日常生活、工作中，每个人都有自己特定的说话方式、语言速度，有的人天生属于慢性子，说话慢慢吞吞，不疾不徐，任凭再急的事情，他也照样雷打不动地用他那种独有的语速来叙述给别人听；有的人天生是个急性子，说话就像打机关枪，一阵儿紧似一阵儿，容不得旁人有插嘴的机会。大多数人介于二者中间，说话的时候语速属于中速。这些是每个人长期以来形成的性格特征，是客观固有的，而且长期存在。

一个心理健康、感情丰富的人在不同的环境下会表现出不同的语速。一般而言，说话语速较慢的人比较厚道老实，性格内向，可能会有点木讷。而说话飞快的人，比较精明，热情外向，偏向于张扬的性格。

有些人在面对别人伶俐的口舌、独到的见解、逼人的语势的时候，或缄口沉默，或支吾其辞，一副笨嘴拙舌、口讷语迟的样子，很可能是因为这个人产生了卑怯心理，对自己没有信心，又或者被对方说中了要害，一时难以反驳。

在生活中，我们可以更微妙地领略语速中透露出的各种人的丰富的心理

变化。一位平常说话慢慢悠悠、不着不急的人，面对一些人对他说出不利的话的时候，如果他用快于平常的语速大声地进行反驳，那么很可能这些话都是对他的无端诽谤；如果他支支吾吾，半天说不出话来，那么很可能这些指责就是事实，他自己心虚、中气不足。当一个平时说话语速很快的人，或者说话语速一般的人，突然放慢了语速，就一定是在强调着什么东西，想引起别人的注意。

音调、语速都可以很微妙地反映出一个人说话时的心理状况，留意他的语调语速变化，你就留意到了他的内心变化。

分析话题，获取想要的信息

话题属于谈话内容的范畴，言为心声，所以你可以从对方对话题的关注程度中判断出他是个怎样的人，对什么感兴趣。在谈话中把握好话题的运用，会增加你的谈话信息，提高你的谈话质量。

在谈话当中，我们要关注一下对方的话题，因为一个人的心理情况往往在话题中表露出来。也许对方并未直接说出自己的心境，但你只要仔细分析对方话题的内容，一定能获取对方某方面的信息。话题是心理的间接反映。

爱谈论自己的人　有的人与人交谈时，爱谈起自己的情况，包括自己的个性、自己的爱好、自己对一些事物的看法等。这样的人性格比较外向，也比较忠厚。一般他们的感情色彩鲜明而且强烈，主观意识比较浓，爱公开表露自己的优点与长处，多少有点虚荣心。他们渴望交谈者能关注自己，了解自己，自己能在众人的谈话中处于焦点位置。

不爱谈论自己的人　相反来说，如果一个人不爱谈论自己的有关情况，对自己的信息很有防范倾向，哪怕一些可以公开的个人话题也不愿涉及。说明这类人的性格比较内向，往往对事物的看法观点不鲜明，感情色彩比较弱，主观意识也比较浅薄。这类人比较保守，多少带有自卑心理，也许其中有些人很含蓄，但城府很深。

爱谈论他人的人　有一类人爱与对方谈论第三者，将另外一个人的方方面面作为话题，并滔滔不绝，评论不休。不住地向对方说起第三者的是非功过，当然还是贬低的方面多，多以批判为主。往往被谈论的第三者与谈话双方都很熟悉。这时你该留心了，他不停地向你说起第三者的意图是什么？很可能在他批判时他还要促使你发表一下看法。这时你要明白对方的用意，千万不可也妄加指责第三者，最好把话题岔开，对方是想借机来了解你的一些情况。这类人不少，你最好提高警惕。

在谈话中不愿涉及到金钱话题的人　这类人对金钱很敏感，谈话中故意绕开金钱的话题不谈。他们往往信心不足，缺少理想。之所以不谈金钱，是因为他们把金钱看得太重，有一种金钱至上的观念。他们太注重现实，很有物质崇拜倾向，常将赚钱定为自己人生的奋斗目标，但真正有了钱却没什么理想，思想上很平庸。他们即使很有钱，也不会乐善好施。当拥有巨大的财富时，他们又为自己的财产安全感到不安。这类人活得很不快乐，心灵很空虚。

爱发牢骚的人　谈话中爱从某一话题中引发出牢骚来，或对人，或对事，牢骚不止。这类人多属于追求完美的人。他们拥有很强的自信，做什么事情要求都比较高，因为他们心中时刻树立着最理想的金牌。一旦自己做错了就埋怨自己，别人做得不好他更不能放过。但世间永远没有最好，只有更好。这类人比较理想化，在现实实践中做得不够，但只知抱怨做得不好，并不知从现实中总结经验、吸取教训。

爱赞美对方的人　有一类人在交谈中很爱在话题中赞美别人。赞美对方的个性，赞美对方的爱好，赞美对方的职业，赞美对方的家庭等等。使人感

觉到一种过度的恭维，没有实在感。这类人一般会用心计。他恭维你是想让你对他产生好感，很可能在谈话中有目的，有事要求你帮忙，只是不好开口。没有原因的恭维是不存在的。

突然转移话题　在谈话进行中也有这种情况，一方突然把话题转移，提出令对方难以接受的苛刻条件。这种方式一般有两个原因，一是提出方对对方感到不满，想存心为难对方，并想通过棘手的问题挫败对方；还有就是想试探出对方的诚意。提出一个让对方不易接受的条件，看看对方有什么反应，以此来探知对方的态度。

这类人说话比较冒进，往往令人产生反感；但是他也是从实际出发，并没有什么歹意。

试探性的语言　谈话一方如果提出一个令对方很敏感的问题，使对方处于为难的孤立状态，这是他想迫使对方做出果断的选择。一般情况下，对方要经过慎重思考才能回答。男女恋爱时经常会用这种方式来考验对方。这样做的目的多半是想探测对方说的是不是真心话，或者想知道对方对自己是否真的在意。

贪婪性的语言　有些人在谈话中不停地询问对方的有关情况，他是想了解对方的真相。

不停地打听对方的情况，这是有意了解对方的缺点与弱项，很可能心存不良想进一步控制对方。这时你最好岔开话题，以免他追问不休。

当你正津津有味地谈论着一个话题时，对方突然插过来一个毫不相干的话题，这是因为他对你的话题根本不感兴趣。

这类人爱忽视别人的谈话，对对方显出不尊重。这类人还怀有极强的支配欲与自我显示欲，所以个性比较蛮横霸道。这类人谈起话来会喋喋不休，一般不喜欢别人插话。

别轻视口头禅，小字眼大秘密

谈话中，要留心于对方的措辞，听他说些什么类型的关联词，带有什么习惯语，爱讲什么口头禅。

不要小看一些不起眼的措辞，小字眼背后往往隐含着大秘密，它们对你了解对方也会有很大帮助：

说实在的、老实讲、说白了、的确是、不骗你 爱讲这类话的人做事比较认真，生怕对方信不过自己，总爱强调自己的观点。这类人比较老实可靠，比较讲信用，是值得信赖的人。

应该、必须、一定要、必然会 常这样说的人判断力比较强，自信心十足，遇事比较冷静，思考问题很理智，见解一般深刻无误。做领导的这种口语比较多一些。

据说、听说、听人说、一般来讲 爱讲此类口头语的人，是很精于世故人情的人。这类人说话给自己留有余地，故意遮掩，不显山露水。这类人有圆滑的一面，处处为自己留后路。

可能是、也许会、大概是、差不多 说这种口头语的人自我防范意识比较强，不会将自己的真实面目暴露出来。懂得含蓄自卫，处世老练圆通，待人接物方面很冷静，所以工作和人际关系处理得都不错。此类口头语有以退为进的含义，精明的政客多用这类口头语。

不过、只是、但是 这类人的分析能力较强。他们讲话时还要对自己与对方的话进行分析思考，力争出言不误。但这类人多少有固执的一面，爱用"但是"否定对方的观点来为自己辩解。"但是"一语又显示了其温和谦让的特点，往往显得委婉得体、容易接受。这是他们为自己留好的入口，是为显示自己使用的。从事外交、公关的人员常有这类口头语，这类语言委婉中

听，便于使双方交流时具有亲和力。

这个、那个、啊、呀、嗯、哦　爱用这类语气词的人思维比较慢，反应较迟钝。他们讲话总是理不清自己的思路，言语不能顺畅地进行，说话时才会用停顿、缓和的语气词。有一部分人爱用此类词并不是没主见，反而是胸有成竹、城府很深，只不过故意装出一副大智若愚的样子。政府官员或机关单位的公务员爱用这种口头语，因怕说错话，需有间歇来思考。这种人的内心往往很孤独。

再者、另一方面、还有、另外　爱说这类话的人好奇心较强，爱追问究竟，又喜欢插手各种各样的事情，一般他们是从好意出发，为人解决困难，比较具有责任心。他们的判断力很好，思维灵活，爱用其他方式思考问题，不落俗套；但缺点是缺乏耐心与持久力，往往会半途而止。不过他们时代观念很强，不会被传统观念束缚，富有创新精神。

总的来说、总之、总而言之、归根结底　这类语言多出自骄傲、自负这类人的口中，带有很浓的自负性与强烈的说教色彩。谈话中不断重复自己的结论，爱归纳总结，一方面比较固执、执著；另一方面就是对对方不信任，总是担心自己的观点、意见被否认或不被采纳，于是就用长者、尊者的口气来反复强调。如果是领导，他一定爱责备人，爱发牢骚，对手下人不放心、不信任，力争做到事必躬亲，但往往会招来对方的反感。

我给你说、因此说、所以说、我要说　这类人说此类话时已经是极度的不耐烦了。这时，他不再想听你说一句，想让你闭口。他已经反对你的观点到极点了，这是他对你的坚决反驳。这种人支配欲很强，老爱反驳别人的观点，自认为聪明无比。不考虑别人的看法如何，还喜欢将自己的观点强加于人。

我知道、我明白、我理解　这类人很聪明，往往能举一反三，反应灵敏，逻辑推理能力较强。他会从说话人的语言中领悟到对方的意图，并作出提前反应。但也有固执的一面。

好啊、是啊、对啊、有道理　这类人很会顺从别人的意思，让别人对他毫无防范，故意打破与对方的距离。一旦对方信以为真，掏心掏肺地讲出真话时，他会抓住对方的个性与弱点，日后好对付对方。这类人表面一团和气，其实最为阴险。他们的人际关系会很好，但其实很自私，处处为自己的利益着想，一旦你损害了他的利益，他立马改换嘴脸，与你反目成仇。

不 女性经常说不。她们口头说不，心里却是愿意的意思。喜欢说"不"的女性往往女人味十足，她们常以此方式在心爱的人面前撒娇，这是女性温柔的表现。她们嘴上说着"真讨厌"、"你好坏"、"真不想理你"，其实内心是无比的温柔。婚后的妻子对丈夫更是这样，嘴巴上经常说"随便他，我才懒得管呢"，其实心里是很在意伴侣的。

我就这样说、我就这样做、管别人怎么说 常说这类话的人从表面上看不在乎别人的看法，对自己的言行坚决果断，甚至有些一意孤行。他们这样说不是讲给别人听的，而是在为自己打气，为自己鼓劲，在激励自己的自信心。他们把他人的反对、嘲笑、讽刺等看得很重，想要用自己的行动推翻别人的阻碍。其实，他们心里具有很大的反抗意识与好胜信念，只不过隐藏得很深。

自我吹嘘 喜欢自吹自擂的人，并不是信心十足的，之所以会自我吹嘘，是缺乏自信的表现。这类人很虚伪，不愿意别人看到自己的短处，对自己的长处则宣扬不已，唯恐旁人不知。爱提自己"辉煌历史"的人，一定是目前情况不佳。这样只是一种心理的发泄，毫无用处，又给人华而不实的印象。无论在何种情况下，自吹自擂都不会有好处，应该尽量谦虚一些。

爱用专业术语 爱使用专业术语的人，表面看来很有知识，很有素养，其实，这是他们自我掩饰的一种方式。故意拿别人不熟悉的专业术语来填补一下自己的自信。真正在专业领域有大成就的人并不爱用专业术语。

需要注意的是，根据上述语句来判断某个人的心理或性格时，首先需要确定这句话确实是这个人的习惯用语，而非偶尔为之。而且，谈话中语言的措辞当然不止以上几种，我们还要在人际交往中多观察，多总结。

攻心话术　边看边说，边说边看

不同的人爱听不同的谈话内容，这是容易理解的。但困难的是你怎么知道他爱听什么、不爱听什么呢？这就要"看"人说话——边"看"边说，边说边"看"。这"看"，即是观察：在与对方谈话时，要善于一边说一边察言观色。

"看"对方什么呢？

1. 看面部表情

狄德罗曾经说过，"心灵的每一个活动都表现在他的脸上，刻画得很清晰，很明显"。有时对方口头表示赞同你的意见，但他的眉头却不知不觉地紧皱了起来，或者他的嘴唇突然紧闭，而且嘴角向下撇。这些表情恰恰是内心不愉快的流露。因此他说的赞同的话其实是言不由衷的，或者碍于情面，或者屈于权势，才不得不这样说的。

2. 看体态表情

几乎每一种体态，每一种动作都是一种特殊的语言，都在宣泄着一个人的内心世界。问题在于我们要能看懂这些体态表情，要能领会它们的内在含义。假如与你谈话的人双脚并立，双臂交叉在胸前，这就表明此人对你怀有某种敌意，他在作自我防卫；而当他不仅双臂交叉，而且双拳紧握时，那就是说他不只在自卫，还要向你进攻了。

又如，如果谈话者常向你摊开双手，这就表明此人是真诚坦率的，他对你毫无提防之心。

3. 看语言表情

与人交谈时不但要看他说什么，而且还要看他怎么说。这就是要从对方说话声音的高低、强弱、快慢、腔调等看出他的言外之意，听出他的弦外之音。这是因为说话声音的种种变化不但表现一个人的性格而且能够表明一个人的情绪与心境。急性子的人说话节奏快、声音响亮，慢性子的人说话节奏缓慢、声音低沉。

例如，人忧伤时语速慢、声音低、节奏平缓，而人兴奋时与之相反，语速快，声音高，节奏强烈。

所谓"看人说话"，主要是"看"上述三种表情。从这些表情变化中，我们便可随时猜测对方的心理态势，透视对方的心理需要，然后也就可以随时调整自己谈话的内容与方式，使之更适应对方的思想线索。这样，说话便可获得预期的良好效果。

看人说话，将使你在办事的道路上路路绿灯，处处顺畅。

第二章
美言暖心：赞美的话谁都爱听

你的赞美价值百万

卡耐基曾说过："当我们想改变别人时，为什么不用赞美来代替责备呢？虽然部属只有一点点进步，我们也应该赞美他。因为，那才能激励别人不断地改进自己。"

美国历史上第一个年薪过百万的管理人员叫史考伯，他是美国钢铁公司总经理。记者曾问他："你的老板为什么愿意一年付你超过100万美元的薪金，你到底有什么本事？"史考伯回答："我对钢铁懂得并不多，我的最大本事是我能使员工鼓舞起来。而鼓舞员工的最好方法，就是表现出真诚的赞赏和鼓励。"说穿了，史考伯就是凭他会赞美人，而年薪超过100万美元的。赞美是说话的艺术，合乎人性的法则。适当得体地赞美，会使他人感到开心、快乐。

1. 赞美给人以信心

多年前，一个伦敦的孩子离开学校，在一家布店当店员，早上5点钟他就要起床，打扫全店，每天干十几个小时的工作，那简直是苦工、奴隶。两年后，男孩再也不愿忍受了，一天早晨起床后，男孩连早餐都没吃，跑了13里路，去找他在别人家里当管家的妈妈商量。他一边哭泣，一边发狂地向妈妈请求不再做那份工作了，他发誓，如果再留在那家店里，他就要自杀。而后，他又给老校长写了一封言辞悲惨的信，说明他心已破碎，不愿再继续这样生活。他的老校长看信后，给了他一点赞美，诚恳地对他讲，他实在是很聪明，应该适合更好的工作，并给他一个教员的位置。自此，那个赞美改变了那个孩子的未来，在英国文学史上，他曾创作了 76 本书，留下了永久的形象。他的名字就是韦尔斯。

在称赞最微小进步的同时，要称赞每一个进步，并要"诚于嘉许宽于称道"。

2. 赞美使人获得成功

有一个女孩，5 岁就开始登台演唱。她有着优美的歌声，她的天才从一开始就显现无疑。长大后，她的家人请了一个很有名的声乐老师来训练她，不论何时，只要这女孩一想到放弃或节奏稍微不对，老师都会很细心地指正。经过一段时间后，她嫁给了他。婚后他还是她的老师，但是她的朋友们发现她那优美自然的歌声已有了变化，声带拉紧、硬邦邦的，不再像以前那样动听。渐渐地，邀请她去演唱的机会越来越少。最后，几乎没有人邀请她了。而这时，她的丈夫——也是她的老师去世了。

此后几年，她很少演唱，她的才能似乎枯竭了，直到有一位推销员追求她。每当她哼着小调或一个乐曲旋律时，他都会惊叹歌声的美妙。"再唱一首，亲爱的，你有全世界最美的歌喉。"他总是这样说。事实上，他并不知道她唱得好不好，但是他确实非常喜欢她的歌声，所以他一直对她大加赞扬。她的自信心开始恢复了，她又开始前往世界各地演唱。后来，她嫁给了这位"良好的发现者"，又重新开始了成功的歌唱生涯。

3. 赞美能遂己心愿

有一位美国的老妇人向史蒂夫·哈维推销保险。她带来了哈维主编的杂

志《希尔的黄金定律》的全年版，滔滔不绝地向他谈她读杂志的感受，赞誉他"所从事的，是当今世界上任何人都比不上的最美好的工作"。她的迷人的谈话将主编迷惑了75分钟，直到访问的最后5分钟，她才巧妙地介绍自己所推销的保险的好处。就这样，老妇人成交了指定购买的保险金额5倍的保险业务。

喜欢被赞美是人性的弱点

与人交往，要给别人留下好印象，先从赞美别人开始。人人都爱听赞美之言，因此，会说赞美话在社交中是理所应当的。

学会赞美别人，首先要发掘对方比较优越的地方。尤其是请求对方办事时，必须会说赞美话。话说得好听，说得到位，对方就容易接受你的观点。因为每个人需要从别人的评价中，了解自己的成就以及在别人心中的地位。当受到称赞时，他的自尊心会得到极大的满足，并对称赞者产生好感。

小胡工作3年多了，每次单位里遇到升职加薪的好事，总少不了他。其他同事都非常羡慕他，觉得他运气好，好事都落到他的头上。其实小胡的条件并不比他的同事好，论学历，他只是本科毕业，单位很多同事都是硕士，甚至博士学历；论业绩，比小胡做得出色的大有人在。

那么小胡究竟是凭什么获得这么好的待遇呢？答案很简单，小胡非常善于和领导相处，他总是恰到好处地发掘领导的长处，把本来很平凡的小事夸大到一定的程度，让领导获得很强的满足感，因而单位的领导对他的印象非常好，每次有什么好事或者好的机会都会想到他。

在这个世界上，不会说赞美话的人是很难办成事的。即使你学富五车，满腹经纶，才华横溢，若自视太高，难免给人一种骄傲自满的印象。因此，适当的时候给予适当的赞美，你就有机会获得领导的好感，从而为自己赢得机会，开辟更广阔的平台，展现自我价值；反之，若给人留下不好的印象，那么你的人生、事业将会布满荆棘，充满挫折。

赞美别人并不是轻而易举的事，必须有一个度。

1.赞美话要让人乐于相信和接受，所以不能把傻子说成天才

赞扬招致荣誉心，荣誉心产生满足感，如果人们发现你言过其实时，会感到受到了愚弄。所以，赞美不宜夸大无边。

2.赞美是一种高雅的语言艺术，过分粗浅的溢美之词会毁坏了你的名声和品位

阿谀谄媚是一种卑鄙的行为。在交往中，大凡向别人敬献谄媚之词的人，总是抱着一定的投机心理，以表现自己的能力，达到自己的目标，但这样的赞美只能令人厌恶。赞美也不能俗不可耐、低三下四，不可过白过滥，毫无特点。

3.赞美话要坦诚得体，必须说中对方的长处

明知对方讲的是奉承话，心中还是沾沾自喜，这是人性的弱点。赞美别人首要的条件，是要有一份诚挚的心意及认真的态度。言词会反应一个人的心理，因而轻率的说话态度很容易被对方识破，令对方产生不快的感觉。

4.赞美话不要见人就说，不要给他人滥戴高帽，要在了解对方的基础上来赞美

对于不了解的人，最好先不要深谈。要等你找出他喜欢的是哪一种赞扬，才可进一步交谈。最重要的是，不要随便赞美别人，有的人不吃这一套。有一则寓言说：小偷看见狗从旁边走过，便不停地把小块面包扔给他，狗对小偷说："你这家伙，给我滚开！你这种好意使我感到非常害怕。"这就是不恰当的赞美。

赞美要了解对方的心理需求

赞美要抓住关键来赞美，这就需要洞察对方心理，了解对方的心理需求。切不可"哪壶不开提哪壶"。

有一次，相声演员侯耀文对他父亲侯宝林说："爸爸，我最近听到一些反映，说商店里某些服务员的态度差，常给顾客吃'冷面'。我想写段相声讽刺一下。"

侯老听了，沉思了一会儿，说："你想讽刺服务员，可你了解他们吗？工资不高，上班一站就是八九个钟点儿，多辛苦！再说，哪家不兴有个不顺心的事儿？谁能老有笑模样？又没吃'笑素'！顾客里头也有捣蛋的，遇上那号人，你乐得起来？我不是说服务员有缺点就不能讽刺，得先去搞点调查研究，了解他们的工作和生活，体谅人家的难处，那才能写出感情，批评得入理。"

侯老的一席话，充分体现了对他人的理解。只有理解他人的心理，了解他人的喜怒哀愁，才能把握好说话的内容与分寸，才能知道如何抓住对方的心理赞美对方。

曾有心理学家做过这样一个实验：他们从某个班级大学生中挑出一个最平庸自卑、最不招人喜欢的姑娘，特意安排她的同学对她改变看法，对她表示喜爱和赞扬。于是，从这天起这个姑娘周围充满了赞扬和热心的帮助。有人夸她，有人说她心灵手巧，有人送她礼物，有人每天与她一起回家……奇迹发生了，一年以后，这个原本默默无闻、自卑感很强的姑娘变得活泼开朗，有说有笑，充满自信，她的学习成绩、仪表风度和以前比也大有改善，好像是换了一个人。

赞扬和鼓励确实有这样的魔力，只要你懂得一个人最需要什么。

在日本历史上身为摄政大臣的丰臣秀吉，权倾一时，不可一世。这样的人还需要别人的关怀吗？然而下面这件事则体现出他与一般人有同样的心理需求。

有一年，丰臣秀吉听说松蘑大丰收，便突然提出要亲自去采松蘑。但当时时令已过，哪还有松蘑的影子。家臣不得已，只好提前一天在他要去的那块地插上松蘑。

第二天丰臣秀吉来了，看到满地松蘑，不仅赞叹道："太好了！"这时，有位善于投机的家臣告诉他这些松蘑都是临时插上的。其他家臣得知有人告密，个个魂不附体，因为他们知道丰臣秀吉这个人对不忠诚他的人向来是严惩不贷的。但这次丰臣秀吉笑着说："这是大家为了满足我的愿望才做的，是一片好心。好久没见到这样的松蘑了，又勾起我对往日农村生活的回忆，我很高兴。"

看来，"大人物"也需要别人的关怀和赞美，并非都是不可一世的。

准确赞美让人刮目相看

不论什么样的人，都有自己独特的经历、事迹，总有值得令人欣赏、赞扬与钦佩之处。对这些已经发生或正在发生的事迹与行为的赞美，就是对对方人生的一种肯定。

小吴到某公司求职，事前他广泛采集、了解了公司经理的创业奋斗史，见面后他这样说："我很愿意在贵公司工作，我觉得能在你手下做事，是最大的光荣。因为你是一位依靠个人奋斗取得事业成功的人物。我知道你28年前创办公司的时候，只有一张桌子、一位职员和一部电话机，经过你的艰

苦奋斗，才有了今天的大业。你这种精神令我钦佩，我正是奔着这种精神才前来接受你的挑选的。"结果，小吴求职成功。

所有事业有成就的人，差不多都乐于回忆当年奋斗的经历，这位经理也不例外。小吴一下子就抓住了经理的心理，这番话引起了经理的共鸣。因此经理乘兴谈起他成功的历史，小吴始终在一旁洗耳恭听，以点头来表示钦佩。最后，经理对小吴很简单地问了一些情况，就拍板说："你就是我们所需要的人。"

赞美对方的事迹和行为，有以下几点要求需要注意。

1. 赞美对方的事迹和行为，需站在一定的高度上，充分发掘别人成绩的意义，并推测它将带来的影响

因为赞美一个人的行为和贡献比赞美他本人好，但一定要说中要害，这样你的赞美才会上品位、上档次。

2. 赞美对方的行为或他的贡献时，不光要显得具体而贴切，而且要让人觉得特殊而真诚

赞美一个人的行为或成绩，还可以避免偏见或功利主义。因此，在日常生活中，与其对一个人说："你真了不起。"不如仔细阐述他所做的某一件事情所带来的巨大的社会效应或经济效益。

赞美一个人的工作，会促使他工作时更加卖力；赞美一个人的行为，他的行为则会因此大有改善。

3. 赞美对方的事迹或行为时，必须一语中的，就像射箭一定要射中靶心

赞美别人的首要条件，是要有一份诚挚的心意和认真的态度。因此赞美别人时，千万不要讲出与事实相差十万八千里的话。例如，你千万不要对你年老的母亲说："你看起来比我姐还年轻。"这样你只会招来一顿狂骂。

常在背后间接赞美

当你知道某某人在背后说你好话，你会不高兴吗？有时候，当面恭维并没有好处，反倒是背后的称赞能发挥强大的功效。背后称赞，在各种口才技巧中，要算是最讨人喜欢，也最有效的了。

通常，人们很自然容易怀疑面对面说话的人的诚意，但对于背后听来的赞美就觉得非常顺耳。

罗斯福总统的副官布德曾经尖锐地批评那些恭维罗斯福的人为"疯狂的摇尾者"。布德十分钦佩罗斯福，但他决心不做"疯狂的摇尾者"，可是没有几个人，能像他那样深得罗斯福的赏识。

伟大的人物并不喜欢整天被人当面恭维和赞美，尤其是罗斯福，他看不起那些满嘴只会说恭维话的人，他更欢迎批评他的朋友。布德就是深知罗斯福的这种心理，采取逆向操作，从背后赞美，而达到自己恭维的目的。

赞美一个人，当面说和背后说所起到的效果是很不一样的。背后说别人的好话，远比当面恭维别人，效果要好得多。

在背后说别人的好话，显得真诚。如果你当面说人家的好话，对方可能以为你是在奉承他，讨好他。相反，如果你的好话是在背后说的，人家会认为你是真心的。这样，他自然会领情，会感激你。

比如，说领导好话，当面说与背后说就有很大的差别。如果你当着领导和同事的面说领导的好话，不仅效果不好，甚至还会起到反作用。一方面同事们会说你是在讨好领导，拍领导的马屁，从而容易招致周围同事的轻视。同时，领导脸上可能也挂不住，会觉得你不真诚。与其如此，还不如在领导不在场时，大力地"吹捧一番"。这样，既不会有拍马屁之嫌，也不会让领导难堪，反倒会让领导在从他人口中听到你的好话时感到高兴，对你刮

目相看。

如果你是一名中层管理者，你不妨在面对你的领导或其他同事时，恰如其分地夸奖你的部下，他一旦知道了，就会对你心存感激，你们的沟通也就会更顺畅，感情也会更进一步。

在背后说人好话，容易消除误会，缓解彼此的矛盾。在背后说别人好话时，会被人认为是发自内心的、不带私人动机的，从而能增强对说话者的好感，消除对说话者的不满。如果你与同事发生了一点小误会，不妨在背后说他的好话。

于伟与他同事董建的关系不错，却因小事发生误会，很长时间都不说话，彼此都感觉相处很尴尬。虽然两人都想打破这种尴尬，但自尊心作祟，谁都不愿意先开口与对方说话。

一天，于伟刚好看了一篇关于背后说人好话的文章，于是心生一计。在办公室与同事闲聊的时候，于伟趁董建不在，对别的同事随意说了几句董建的好话："董建这人真不错，为人比较正直，处事也比较公正，以前对我的帮助很大，我挺感谢他的。"这几句话很快就传到了董建耳朵里，他心里不由得有些欣慰和歉疚。找了一个适当的机会，董建主动向于伟打招呼、嘘寒问暖，两人就这样和好了。

在背后说人好话，还能满足别人的虚荣心，给足别人面子。这好话可能在被说者意料之中，也可能在他意料之外。通常，好话越出于被说者的意料之外，好话所起到的作用越明显，越能打动人。

有这样一个故事：一个公司的工人代表老崔决定去找总经理抗议。原因是他们经常加班，但上面连个慰问都没有，年终奖金也很少。出发之前，老崔义愤填膺地对同事说："我要好好训训那自以为是的总经理。"到了总经理办公室，老崔告诉总经理秘书说："我是老崔，约好的。"

"是的、是的。总经理在等您，不过不巧，有位同事临时有急件送进去，麻烦您稍等一下。"秘书客气地把老崔带到会客室，请老崔坐，又堆上一脸笑，"您是喝咖啡还是喝茶？"

老崔表示他什么都不喝。"总经理特别交代，如果您喝茶，一定要泡上好的铁观音。"秘书说。

"那就茶吧！"

不一会儿，秘书小姐端进一杯连着托盘的盖碗茶，又送上一碟小点心："您慢用，总经理马上出来。"

"您是公司的元老，老同事了，总经理常说你们最辛苦了，一般同仁加班到九点，你们得忙到十点，他心里实在过意不去。"

正说着，总经理已经大跨步地走出来，跟老崔握手："听说您有急事？"

"也没什么，几位工友同事叫我来看看您！"

不知为什么，老崔憋的那一肚子不吐不快的怨气，一下子全不见了。临走，还不断对总经理说："您辛苦、您辛苦，大家都辛苦，打扰了！"

老崔的态度大转变的原因就是，总经理背着老崔说他的好话，大大出乎老崔的意料。总经理的好话不仅表示了他的真诚与理解，也给了老崔足够的面子。老崔感受到了被领导理解的欣慰，感觉到自己的工作被认可，自然对总经理心存感激，先前一肚子的怨气也自然烟消云散了。

如果你想你的夸赞取得最好的效果，你就背后赞美吧！背后赞美他人，更加使人愉悦，有时更能化解彼此之间的矛盾。

给对手一个赞美

生活处处有竞争，那么对竞争中的对手你该怎样看待他们呢？对于你的对手，切不可嘲笑、贬低，更不可诅咒。因为所有的敌人都可能是你的对手，

但对手不一定就是你的敌人。他们有可能是你的动力、朋友乃至知音。

2008 年 11 月 4 日，美国共和党总统候选人麦凯恩在其家乡亚利桑那州菲尼克斯市承认自己在本次选举中失败，并向在选举中获胜的民主党总统候选人奥巴马表示祝贺，他呼吁全体美国人一起支持奥巴马。

当地时间晚上 9 时 18 分，麦凯恩在妻子及其竞选伙伴佩林夫妇的陪同下来到菲尼克斯市比尔特莫尔饭店的一个大草坪上，对聚集在那里的支持者发表讲话。麦凯恩说，美国人民作出了选择，奥巴马当选是件"了不起的事情"，这不仅是奥巴马个人取得的胜利，也是美国人民取得的胜利。他呼吁全体美国人抛弃政见分歧，共同支持在选举中获胜的奥巴马。他说，作为总统，奥巴马将在今后几年里面临许多挑战。

数千名共和党支持者当天下午从菲尼克斯市各处汇聚到比尔特莫尔饭店等候选举结果，在得知麦凯恩获胜无望后，他们的脸上显露出难以掩饰的失望，许多女性支持者眼中甚至含着泪水。面对这些神情落寞的支持者，麦凯恩说："今晚感到有些失望是自然的，虽然我们没有获胜，但失败属于我，而不是你们。"

竞选的失败，对于麦凯恩来说，悲哀是不言而喻的。但在现实面前，他保持了高度的理智，对于奥巴马的成绩表现了超然的风度。

为自己叫好容易，为别人叫好困难，为对手叫好更困难。生活中有许多人只知为自己取得的进步和成功欢呼，对别人尤其是对对手取得的进步和成功无动于衷，他们很少真诚地为别人和对手叫好。

可是你知道吗？为别人和对手叫好并不代表你就是弱者或失败者。因为为别人和对手叫好是一种美德，你付出了赞美，这非但不会损伤你的自尊，相反还会收获友谊与合作；为别人和对手叫好是一种智慧，因为你在欣赏他们的同时，也在不断提升和完善自我；为别人和对手叫好是一种修养，对别人和对手赞赏的过程，也是自己矫正自私与妒忌心理，从而培养大家风范的过程。美德、智慧、修养，是我们做人的资本。

赞美别人是一种美德，赞美对手却是一种高素质的表现。

英格丽·褒曼在获得了两届奥斯卡最佳女主角金奖后，又因在《东方快车谋杀案》中的精湛演技获得最佳女配角奖。然而，她领奖时，一再称赞与她角逐最佳女配角奖的对手弗沦汀娜·克蒂斯，认为真正获奖的应该是这位落选者，并由衷地说："原谅我，费沦汀娜，我事先并没有打算获奖。"

褒曼作为获奖者，没有喋喋不休地叙述自己的成就与辉煌，而是对自己的对手推崇备至，极力维护了落选对手的面子。相信这位对手会感激褒曼，会认定她是值得倾心的朋友。

一个人能在获得荣誉的时刻，如此善待竞争对手，如此与伙伴贴心，实在是一种文明典雅的风度。

为了维护良好的人际关系，你的一言一行都要为对方——无论是朋友还是对手的感受着想，学会安抚对方的心灵，不可以使对方产生相形见绌的感觉。与此同时，自己的心灵也会因此安然自得，有一个极好的心情。

挪威著名的剧作家亨利·易卜生把自己的对手瑞典剧作家斯特林堡的画像放在桌子上，一边写作，一边看着画像，从而激励自己。易卜生说："他是我的死对头，但我不去伤害他，把他放在桌子上，让他看着我写作。"据说，易卜生正是在对手斯特林堡的目光关注下，完成了《社会支柱》《玩偶之家》等世界戏剧文化中的经典之作。

有了欣赏对手的心情，人与人、人与自然、人与社会也会变得更加和谐，更加亲切。我们自身也会因为这种心理的存在而变得愉快和健康起来。

当你树立了一个敌人的时候，你所得的将不只是一个敌人，你在精神上所受到的威胁将十倍百倍于他实际上给你的威胁。

而你用高尚的人格感动了一个敌人使他成为你的朋友的时候，你所得到

的也将不只是一个朋友，你在精神上所感受的欢乐和轻松也将十倍百倍于他实际上所给你的。

人脉圈常用的赞美方式

每一个人都希望得到周围人的称赞，希望自己的真正价值被认可，尤其是希望得到朋友的认可，虽然处在极小的天地里，仍然认为自己是小天地里的重要人物。人对于肉麻的奉承、巴结会感到恶心，然而却渴望对方发自内心的赞扬。鉴于此，我们不妨遵守"黄金原则"："希望朋友对我们如何，我们就对他们如何。"——发自内心地称赞他。

赞美是欣赏，是感谢，给人的喜悦是无可比拟的。一副冷漠的面孔和一张缺乏热情的嘴脸是最令人失望的。怎样赞美呢？主要有以下四种方式。

1. 直接式

赞美他人最常见的方式就是直接赞美。特别是上级对下级、老师对学生、长辈对晚辈。它的特点是及时、直接。被誉为"近代物理学之父"的爱因斯坦平日酷爱音乐，喜欢弹钢琴，擅长拉小提琴。有一年，他应邀去比利时访问，比利时国王和王后都是他的朋友。王后也是一个音乐迷，会拉小提琴。他和王后在一起合奏弦乐四重奏，合作得非常成功。爱因斯坦对王后说："您演奏得太好了！说真的，您完全可以不要王后这个职业。"听了爱因斯坦的赞美，王后为此很是兴奋了一阵。

2. 间接式

在日常生活中，如果我们想赞美一个人，不便对他当面说出或没有机会向他说出时，可以在他的朋友或同事面前，适时地赞美一番。这样收到的效果会更好。南北战争开始时，北方联军连吃败仗。后来林肯大胆启用了一位将军——格兰特。他出身平民，衣着不整，言语粗俗，行为莽撞，有人还说他是个酒鬼。林肯心里明白，所有对他的传言都是夸大之辞……后来，竟然有人要求林肯撤掉格兰特的军职，其理由是说他喝酒太多。林肯则不以为然，他赞扬格兰特说："格兰特总是打胜仗，要是我知道他喝的是哪种酒，我一定要把那种酒送给别的将军喝。"格兰特没有辜负林肯的信任，为结束南北战争立下了赫赫战功，证明自己的确是一位能力卓越的将军。后来，他成为了美国第十八任总统。

3. 激情式

朋友之间需要赞美，同事之间需要赞美，恋人之间更需要赞美。赞美既是获取爱情的催熟剂，又是缓和矛盾的润滑剂，还是保持感情的稳定剂。正如拿破仑所说："从来没有哪个女人像你这样受到如此忠贞、如此火热、如此情意缠绵的爱！"对他的女神约瑟芬，拿破仑总是不吝啬赞美。

情人眼里出西施，在拿破仑眼中，他的妻子约瑟芬是天下最有魅力的女人。他用尽了一切华美的、无与伦比的词语去赞美她。拿破仑在行军中给约瑟芬写信说："我从没想到过任何别的女人，在我看来，她们都没有风度，不美，不机敏！你，只有你能够吸引我，你占据了我整个心灵。"他有一次甚至在约瑟芬耳边以哀求的语气说："啊！我祈求你，让我看看你的缺点；请不要那么漂亮、那么优雅、那么温柔和那么善良吧；尤其是再不要哭泣；你的泪水卷走了我的理智，点燃了我的血液。"

对于心爱的人，拿破仑无法掩饰自己的赞美之情，这种激情式赞美使约瑟芬十分的受用和满足。

4. 意外式

出乎意料地赞美，会令人惊喜。丈夫工作一天后回家，见妻子已摆好了饭菜，称赞妻子几句；老师见学生把教室打扫得干干净净，夸奖一番。在学生看来是应该的，却得到老师的赞美，心情是无比愉悦的。

有时，赞美的内容出乎对方意料，也会引起对方的好感。卡耐基在《人性的弱点》中写了一个他曾经历过的故事：一天，他去邮局寄挂号信，办事员服务质量很差，很不耐烦。当卡耐基把信件递给她称重时，他说："真希望我也有你这样美丽的头发。"闻听此言，办事员惊讶地看着卡耐基，接着脸上露出微笑，服务变得热情多了。

攻心话术　赞美话要因人而异

赞美别人，不单单是花言巧语、甜言蜜语，重要的是根据对方的文化修养、个性性格、心理需求、所处背景、角色关系、语言习惯乃至职业特点、性别年龄、个人经历等不同因素，恰如其分地恭维、赞美对方。

1889 年，清朝任张之洞为湖北总督。新任伊始，适逢新春佳节，抚军谭继洵为了讨好张之洞，设宴招待张之洞，不料席间谭继洵与张之洞因长江的宽度争论不休。谭继洵说五里三，张之洞认为是七里三，两人各持己见，互不相让。眼见气氛紧张，席间谁也不敢出来相劝。这时列末座的江夏知事陈树屏说："水涨七里三，水落五里三，制台、中丞说得都对。"这句话给两人解了围，双方都抚掌大笑，并赏了陈树屏 20 锭大银子。

陈树屏巧妙且得体的言词，既解了围又使双方都有面子。这种赞赏就充分考虑了听者的心理和当时的境况。

赞美话要因人而异，必须考虑以下几点因素。

1. 听话者的文化知识水平

文化知识水平不同，对说话的接受能力是不同的。比如要表述对社会嫉贤妒能现象的认识，听者为知识分子，可说"木秀于林，风必摧之；堆高于岸，流必湍之；行高于众，人必非之"。但这话就不能再照搬讲给文化水平不高的听众，而可以说"枪打出头鸟""出头的椽子先烂"这样的俗语，对方会更容易接受，讲话才会有效果，赞美人同样应如此。

2. 听话者的个性性格

对方性格外向，透明度高，可以多赞美他，他会很自然接受；如果对方比较内向、敏感、较严肃，你过多地赞美他，会使其认为你很轻浮、浅薄。因此，在赞扬对方时要注意这一点。

3. 听话者的心理特点和情感需求

交谈双方各有欲望，要迎合对方的需求讲赞美的话。一个不喜欢淑女型，个性鲜明，男孩子气十足的女子，你夸她如果长发披肩，长裙摇曳，定会婀娜多姿，美丽迷人，她也许不会感激你，还有可能骂你多管闲事。如果了解她的心理，夸她短发看起来又精神又有活力，她可能才开心。

19世纪的维也纳，上层妇女喜欢戴一种筒高檐宽的帽子。她们进剧院看戏，仍然戴着帽子，挡住了后排人的视线，对剧院要求女客脱帽的规定她们不予理睬。

一日，剧院经理灵机一动，在台上说："女士们请注意，本剧院要求观众一般都要脱帽看戏，但是，年老一些的女士，请听清楚——年老一些的女士，可以不必脱帽。"此话一出，全场的女性全部自觉把帽子脱了下来：谁愿意承认自己年老呀！

这位聪明的经理正是利用了妇女们爱美、爱年轻的心理特点和感情需求，使原先头痛的问题迎刃而解。

4. 听话音的性别特征

与不同性别的人讲话，应选择不同的方式。对体胖的女子，你说她又矮又胖，一定会令人反感；但你夸她一点不胖，只是丰满，她会得到几分心理安慰，不会因为自己胖而自卑。而对同样体型的男子，你说他矮胖子，他也许会置之一笑。

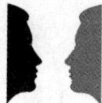

5.听话者的年龄特征

你若想打听对方的年龄，不同年龄要采取不同问法。对小孩子可以直接问："今年几岁了？"对老年人则要说："今年高寿？"对年龄相近的异性不可直接问，要试探着说："你好像没我大？"对年纪稍大的女性，年龄更是个"雷区"，问得不好讨人厌。一个40岁的中年女子，你开口道"快50了吧"，对方一定气愤不已，你小心地问"30出头了吧"，她一定会心花怒放，笑逐颜开。

6.听话者的心境特征

俗话说：入门休问枯荣事，观看容颜便得知。在夸赞别人时，要学会察言观色。一个为事业废寝忘食的年轻人，便可以称他"以事业为重，有上进心"；一个为了债务焦头烂额，心绪不宁的企业家，你夸他"事业有成，春风得意"，对方也许会认为你是在讲"风凉话"，这种赞美会起到适得其反的效果。

除了以上因素，还要考虑不同职业、不同宗教信仰等因素。列宁说："对马车夫讲话应该不同于水手，对水手讲话应该不同于对排字工。"陈毅元帅某次出访东南亚，一位宗教界人士送他一尊菩萨，他见机谢道："有了菩萨保佑，我更不怕帝国主义了。"这里陈毅借用宗教术语，显示了对宗教的尊重，对宗教界人士的谢意，有深意而不乏风趣幽默。

第三章
开口见心：与陌生人一聊如故

社交场合说好第一句话

在我们的日常生活中，最令人关心的，莫过于"如何与别人交往"这件事；而在人际交往中，最令人花费心思的，又莫过于"如何与陌生人交谈"这件事。

社会交往是人生活动中的主要内容，与人初次见面的第一句话是留给对方的第一印象，这第一句话说好说坏，关系重大。说好第一句话的关键是：亲热、贴心、消除陌生感。常见的有以下三种方式。

1. 攀认式

赤壁之战中，鲁肃见诸葛亮的第一句话是："我，子瑜友也。"子瑜，就是诸葛亮的哥哥诸葛瑾。他是鲁肃的同事挚友。

短短的一句话就定下了鲁肃跟诸葛亮之间的交情。其实，任何两个人，只要彼此留意，就不难发现双方有着这样或那样的"亲"、"友"关系。比如：

"你是复旦大学毕业生，我曾在复旦进修过两年。说起来，我们还是校友呢！"

"您是体育界老前辈了，我爱人可是个体育迷；您我真是'近亲'啊。"

"您来自苏州，我出生在无锡，两地近在咫尺。今天得遇同乡，令人

欣慰！"

2. 敬慕式

对初次见面者表示敬重、仰慕，这是热情有礼的表现。用这种方式必须注意：要掌握分寸，恰到好处，不能乱吹捧，不说"久闻大名，如雷贯耳"一类的过头话。表示敬慕的内容应因时因地而异。比如：

"您的大作我读过多遍，得益匪浅。想不到今天竟能在这里一睹作者风采！"

"今天是教师节，在这光辉的节日里，我能见到您这位颇有名望的教师，不胜荣幸。"

"桂林山水甲天下，我很高兴能在这里见到您——尊敬的山水画家！"

3. 问候式

"您好"是向对方问候致意的常用语。如能因对象、时间的不同而使用不同的问候语，效果则更好。

对德高望重的长者，宜说"您老人家好"，以示敬意；对年龄跟自己相仿者，称"老×（姓），您好"，显示亲切；对方是医生、教师，说"李医师，您好"、"王老师，您好"，有尊重意味。节日期间，说"节日好"、"新年好"，给人以祝贺节日之感；早晨说："您早"、"早上好"则比"您好"更得体。

说好第一句话，仅仅是良好的开始。要谈得有味，谈得投机，谈得融融乐乐，有两点还要引起注意：

（1）双方必须确立共同感兴趣的话题。有人以为，素昧平生，初次见面，何来共同感兴趣的话题？其实不然。生活在同一时代、同一国土，只要善于寻找，何愁没有共同语言？

一位小学教师和一名泥水匠，似乎两者是话不投机的。但是，如果这个泥水匠是一位小学生的家长，那么，两者就如何教育孩子各抒己见，交流看法，如果这个小学教师正在盖房或修房，那么，两者可就如何购买建筑材料，选择修造方案沟通信息，切磋探讨。

只要双方留意、试探，就不难发现彼此有对某一问题的相同观点，某一方面共同的兴趣爱好，某一类大家关心的事情。有些人在初识者面前感到拘谨难堪，只是没有发掘共同感兴趣的话题而已。

（2）注意了解对方的现状。要使对方对你产生好感，留下不可磨灭的深刻印象，还必须通过察言观色，了解对方近期内最关心的问题，掌握其心理。

比如，知道对方的子女今年高考落榜，因而举家不欢，你就应劝慰、开导对方，说说"榜上无名，脚下有路"的道理，举些自学成才的实例。如果对方子女决定明年再考，而你又有自学、高考的经验，则可现身说法，谈谈高考复习需注意的地方，还可表示能提供一些较有价值的参考书。在这种场合，切忌大谈榜上有名的光荣。即使你的子女考入名牌大学，也不宜宣扬，不能津津乐道，喜形于色，以免对方感到脸上无光。

初次见面自我推销的艺术

掌握了自我介绍的口才艺术，你就打开了一扇与人交往的大门，完美精彩、独具特色的自我推销，能在他人的脑海中打下深刻的烙印。

在社交场合中，互不相识的人第一次见面常常要进行自我介绍。自我介绍包括姓名、年龄、职业、住址、经历及特长等几个方面的介绍。介绍者应根据场合和需要的不同来决定其繁简，一般的朋友聚会只需说出自己的姓名、身份即可。自我介绍时，态度要平和，要清晰地报出自己的姓名，并用微笑来表达自己的友好。同时还要掌握好分寸，不要有意抬高或贬低自己，这会

让人产生反感，而不愿与你来往。自我介绍实际上是一种自我推销，它给别人留下的是第一印象。

一般来说，自我介绍时要注意以下几点。

1. 繁简得当

自我推介应视交际的实际需要来决定自我介绍的繁简。一般来说，参加聚会、演讲、为他人办事、偶尔碰面、为单位公关等，自我介绍宜简约些，只要介绍姓名和工作单位即可；而在另一些场合，如：恋爱、找人办事、深交朋友等，则可以介绍得更为细致一点，可以介绍自己的兴趣、爱好、特长及在哪些方面有何成就。

初次交往，彼此都需要互相多了解对方，又都想被对方所了解。自我介绍时就要大大方方、不卑不亢，切不可羞答忸怩、吞吞吐吐、左顾右盼。应该勇于向他人展示自己，树立自信，让别人产生希望与你交往的愿望。

2. 把握分寸

介绍自己要注重自谦和自识。自我介绍时要把握好分寸，不可抬高自己，亦不可贬低自己，切不可自吹自擂。一般不用"很""最""第一"一类的字眼。这样才能使对方对你产生信任感。有的人在进行自我介绍时，左一个"我"如何如何，右一个"我"如何如何，叫人听了反感；有人把"我"的形象树立得很高大，让人感到言过其实；更有甚者，一提到"我"时便洋洋得意，目中无人，等等。这样的自我介绍都不会给对方留下良好的印象。

把握分寸，关键要以平和的语气说出"我"，要目光亲切、神态自然，这样才能使人从这个"我"字上感受到你自信、自立而又自谦的美好形象。

3. 巧言介绍

加深印象是自我介绍的目的。自我介绍首先要介绍自己的名字，并对"姓"和"名"加以解释，你解释得越巧妙，别人对你的印象就越深。这可以反映一个人的知识水平和性格修养，也可以体现一个人的口才。

一个人的姓名，往往有丰富的文化积淀，或折射出凝重的史实，或反映时代的乐章，或寄寓双亲对子女的殷切厚望。因此，巧解姓名有时也能令人动情，加深印象。

4. 独具特色

简单地自我介绍留给人的印象非常平淡，使自己的自我介绍独具特色，才能给他人留下深刻的印象。

巧妙地把自己与名人相比，既可以显示你自己的才能，又可以显示你语言幽默的特点，从而使你博得大家的好感。也可以通过介绍自己家乡的名优土特产或家乡地方特色来自我介绍，给大家留下深刻的印象。

主动引发一场友好的谈话

遇到素不相识的人，如何引发一场谈话是关键。主动引发一场谈话，可以消除陌生感，拉近彼此的距离，活跃谈话气氛，为后面的深入交谈做好铺垫。

在与人交谈时，也许你会常常挖空心思去想一些很有水平的话，以显露自己的本事。但是，你没有顾及对方，对方在你的强势下会怎样呢？他当然是不甘示弱，也会比你更加努力地去找一些更加有水平的话。他找出了之后，你又怎么办呢？是不是又要去寻找更有水平的话呢？这样循环往复，你俩就不是在交谈，而是在斗智。在交谈中，太有水平的话有时会给对方造成压抑，使得交谈难以进行下去。

实际上，要进行一次谈话并不是困难的事。陌生人之间一些简短的寒暄就能引发谈话。每个人都可能流于平俗，都可能涉及那简短的谈话，只谈论一些既缺乏机智又毫无意义的事情。然而这种短暂的交谈对于正式交谈的顺

利启动却是必要的。

引发谈话的目的是必须让对方说话，而切忌将谈话引入死胡同。如不能说"今天天气真好！"之类的话，而应该问对方："干什么工作？""是哪里人？"这样对方必须回答你他干什么工作，是哪里人，而不会用"是"或"不是"打发你。

在开始谈话时，要准备经过一个"预热"的阶段。没头没脑地就开始一次意味深长的交谈是不明智的，不要期望一开始就像老朋友见面一样。

短暂的交谈不仅能为你引发一次谈话，而且可以用来为进一步的交谈预热，引导对方为进一步的交谈作好充分的准备。然后在这种交谈中观察别人的兴趣。这正如点篝火，不必期望用一个火把开始，只需有一根小火柴就行了。只要方法得当，这一根小火柴就能让篝火熊熊燃烧。

但要特别注意的是，在交谈的过程中也不要太掉以轻心，拥有出色的交谈口才并不过多地依赖于你有多么聪明，或者你的经历有多么曲折，而在于善于启发、诱导别人讲话。要想成为优秀的口才高手，就一定要避免在谈话中出现以自我为中心的现象。人们往往自始至终只对他们自己、对他们的工作、家庭、故乡、理想感兴趣。其实，像"你是做什么工作的"这样一个简单的问题向他人传达了你对他感兴趣的信号，结果必然会使别人也对你感兴趣。

在提出这个简单的问题之前，你只需要在心里给自己提一个问题："通过交谈我究竟想得到些什么？"是想表现和炫耀自己呢？还是想与别人做成交易，让别人在议定书上签字，并得到他的准许和友善呢？很多人在与人谈话时容易犯的错误就是谈自己感兴趣的事，而不去谈别人感兴趣的事。你谈自己感兴趣的事，虽然自己兴高采烈，但别人却不一定会高兴，那你要求别人办事、请别人帮忙，以及你谈话的目的又怎能达到呢？

激起对方的说话欲望

能否激发对方的谈话欲望是双方深入交谈的关键。主动打开话题，向对方发出友好信号，激起对方的谈话欲望，你就能达到交流的目的。

每个人都渴望友谊，希望拥有更多的朋友。但朋友都是由陌生人发展而来，有相当一部分朋友是萍水相逢时认识的。在风光绮丽的景区、在熙攘喧闹的汽车上或者在小型聚会上，凭一个会心的微笑、几句得体的幽默话、一个礼貌的动作等，都可以与他人相识。关键是得找出交往的契机，主动伸出友谊之手，打开对陌生人关闭着的心灵之门。

然而不是所有的人都是善谈的，有的人比较沉默寡言，虽然有交谈的欲望，却不知从何谈起。这就需要你改变态度，运用口才技巧，激发对方的谈话欲望。

假若你的一个话题使对方产生了浓厚的兴趣，那么无论他是一个如何沉默的人，他都会发表一些言论的。因此在谈话的停滞之中，一定要想法寻找并且不断地激起对方的兴趣，使谈话能够一直持续下去。

当你对做父母的人称赞他们的孩子，甚至表示你对那孩子感兴趣时，那么孩子的父母很快便会成为你的朋友了。给他们一个谈论其孩子的机会，这样他们就会很自然而又无所顾忌地滔滔不绝了。

与陌生人见面，要善于倾听，主动地关心他人，还可以通过慷慨的给予帮助来激发他们的谈话欲望。

初次相见或不太熟悉时，没有谁愿意向有困难的陌生人施舍什么帮助，因为他们怕不清楚对方的底细帮出麻烦来。这种想法固然有一定的道理，但正是这"一定的道理"把自己结识别人的大好机会给赶跑了。善于交际的人是不会这么想的，他们认为与人方便自己也方便，只有放下顾虑、慷慨解囊，

才能赢得别人的感激与好感——这恰是一座沟通感情的桥梁。

对于那些腼腆的人，交谈者应主动寻找话题，消除对方的紧张感。

朋友相交，重在交流。由陌生人到朋友，需要通过深入的交流才会相互了解。要达到深入交流的效果，就要在掌握交谈口才艺术的同时激发对方的谈话欲望，只有这样才能彼此加深了解，从陌生走向熟悉，进而成为朋友。

好话题是纵情畅谈的开端

好话题，是初步交谈的媒介，纵情畅谈的开端，是深入细谈的基础。有了好的话题，交谈就成功了一半。

交谈中要学会没话找话的本领。"找话"就是"找话题"，找交谈的切入点。就像写文章一样，有了一个好题目，往往会文思泉涌，一挥而就。同样，双方交谈，有了一个好的话题就能使谈话融洽自如。

什么样的话题才是好话题呢？好话题的标准是：至少双方对话题比较熟悉，能谈；大家感兴趣，爱谈；有展开探讨的余地，好谈。

那么，怎样去挖掘一个好话题呢？

1. 找准兴奋中心作话题

当跟众多的人在一起谈话时，要选择众人都感兴趣的事件为话题，激发起大家交谈的欲望。因为这类话题是大家想谈、爱谈又能谈的。人人都有话，都能发表自己的观点和看法，自然能使话题进行下去，以致引起许多人的议论和发言，进而产生共鸣。

2. 就地取材找话题

巧妙地借用彼时、彼地、彼人的某些材料为题，借此引发交谈。有人善于借助对方的姓名、籍贯、年龄、服饰、居室等，即兴引出话题，常常能取得好的效果。"即兴引入"法的优点是灵活自然，就地取材，但关键是要思维敏捷，能迅速作出由此及彼的联想。

3. 试探询问找话题

与陌生人交谈，先提一些"投石"式的问题，在对对方的年龄、职业、性格、兴趣等略有了解后再进行有目的的深入的交谈，便能谈得更为自如。就好像"投石问路"一样，如在聚会时见到陌生的邻座，便可先"投石"询问："你和主人是同事还是同学？"无论问话的前半句对，还是后半句对，都可就此展开话题；如果问得都不对，对方回答说是"老相识"，那也找到了可继续谈下去的话题。

4. 顺着对方的兴趣引发话题

试探出陌生人的兴趣，由兴趣起始，能顺利引发出话题。如对方喜欢看电影，便以此为话题，谈电影的优劣，讨论故事的情节等。如果你也喜欢看电影，那你们就找到了共同的兴趣，可顺利进入话题；如果平常不怎么看电影，那也正是个学习的机会，可静心倾听，适时提问，借此大开眼界。

引发话题的方法很多，诸如"借事生题法""即景出题法""由情入题法"，等等。可巧妙地从某事、某景、某种情感，引发出一番议论。引发话题，类似"抽线头""插路标"的做法，重点在引，目的在导，使对方有话可说，诱发对方谈话的兴趣。

5. 在"情投意合"上做文章找话题

与人交谈时，还要在缩短彼此的距离上下工夫，力求在短时间内了解得更多一些，缩短彼此认识上的距离，力求在感情上融洽起来。只有志同道合了，才能谈得投机。与陌生人要做到能谈得投机，就必须寻找好话题，在情感二字上做文章，变生疏为熟悉。

（1）适时切入。看准情势，不要放过应当说话的机会，适时插入交谈，

适时地"自我表现"，能让对方充分了解自己。

交谈是双边活动，光了解对方，不让对方了解自己，同样难以深谈。陌生人如能从你"切入式"的谈话中获取教益，双方会更亲近。适时切入，能把你的知识主动有效地献给对方，实际上符合"互补"原则，奠定了"情投意合"的基础。

（2）巧找媒介。寻找自己与陌生人之间的媒介物，以此找出共同语言，缩短双方距离。如见一位陌生人正在看报纸，可从报纸上的一条新闻切入，与对方就这一话题展开讨论。对别人的一切表现出浓厚的兴趣，通过媒介引发他们表露自我，交谈也就能顺利进行。

（3）留有空间。留有谈话的空间以便让对方接口，使对方感到彼此之间的心是相通的，交谈是和谐的，进而缩短两人之间的心理距离。因此，和陌生人的交谈千万不要把话讲完全了，把自己的观点讲死，而应虚怀若谷，欢迎探讨，最好把做结论、归纳的机会留给对方。

攻心话术　高效交谈的六大准则

如何成功地与人交谈，如何使交谈产生更高的效率，其中有许多值得我们学习的规则和策略。

1. 端正态度，尊重对方

与人交谈，首先要态度端正，否则就会引起别人的反感，思想上一旦形成鸿沟，交谈就很难进行。其次要尊重对方，不要妄自尊大，盛气凌人；不要自以为是，武断专横；不要虚情假意，恭维奉承。

只有这样，大家才能和谐融洽地相处，推心置腹地交谈。

2. 全神贯注，适时发言

不要打断别人的发言，要让对方尽情地讲，你要全神贯注地听。即使你不同意人家的看法，也不可匆忙打断，要等对方讲完再阐明你的意见。要善于听，分析话中之音，做到既明白对方谈话何时达到高潮，又知道对方言谈何时接近尾声。这样，你的发言才能适时、稳妥。

3. 跟上节拍，把握火候

当话题几分钟以前已由乒乓球赛转到篮球赛，如果你再谈乒乓球赛，显然就跟不上谈话节拍；而当大家正兴致勃勃地谈论篮球赛，你又把话题转移到排球赛上，显然是不识"火候"；当大家正评论球类比赛，你却谈起飞机、大炮一类与球赛风马牛不相及的东西，显然是离题太远，那只会使人啼笑皆非。密切注视谈话进行的情况，要把注意力始终集中在正谈论的东西上。只要头脑清醒、目光敏锐，跟上谈话的"节拍"，就不会出现尴尬局面。

4. "听""讲"认真，心领神会

交谈，是一种有来有往、相互交流思想感情的双边或多边活动。参与谈话的人，不仅要认真"听"，还要认真"讲"。听人说话，要做到聚精会神，心领神会，切不可漫不经心。与此同时，还要作出积极反应，有什么想法和感受，通过点头、微笑、手势、体态等不同方式随时表露出来；不要消极活动，呆头呆脑，无动于衷。全神贯注地听，仅是交谈中的一个方面。谈，在某种意义上说，显得更为重要。谈的方式多种多样，你可采用任何一种：直截了当地陈述事实，提出问题，发表看法；委婉地表示不同意见，进行评论。这些方式都能使谈话顺利进行。

5. 中心突出，不偏不离

交谈中心突出，不要偏离话题。当大家正议论新发明的特效药，切不要因听到有人谈你姐姐如何服用此药而得救，你便滔滔不绝地讲起你姐姐的故事，在不知不觉中偏离了谈话的主题。话题一偏，说话效果必然大大降低。

6. 审时度势，调转话题

　　话题的转变，在交谈中占有十分重要的位置。当大家对某事似乎已详尽谈论，感到兴致索然时，就要立即转换话题。转变话题的方式很多，一种方式是让旧话题自然消失就是其一。另一种方式是重提刚议论的事情，然后迅速更换话题。改变话题，要注意"火候"，既不能太迟，又不宜过早。当话题仍然引人入胜时，切不要因你感到索然无味，就谈别的东西，并强迫他人跟着你转。

　　如果你对自己将要进行的谈话一无所知，就不可能很好地参与交谈。你不仅要了解将要交谈的主题，而且应该了解交谈的性质，还有自己所期望达到的效果，把握好交谈的关键点，你才能进行一场有效的交谈。

第四章
以情动心：让人心服口服

探探他的心有多深

若是想提高自己说服别人的能力，必须把关心别人、了解别人当作一种需要经常努力的工作。

纽约一位著名的谈判专家，他的邻居是一位医生，这名医生的房屋由于遭到了台风的袭击而受到了一些破坏。房子是在保险公司投过保的，医生准备向保险公司索赔，请这名专家来帮忙。医生给保险公司打电话，保险公司的理赔调查员很快来到了他的家里。他先主动向谈判专家打招呼："你好，先生，很荣幸在这里见到你。"谈判专家听了这样的问候，立刻明白了对方心里的感受，他也热情回应对方："你好，见到你很高兴。"

接着，理赔员单刀直入了，"先生我知道像你这样的交涉专家都是权威，但在今天的赔偿上，恐怕我们不能够赔得太多，请问您，如果我只想赔给你100美元，您觉得怎么样？是不是嫌太少了？"凭借多年的经验，再加上从对方口里听出来的语气，谈判专家判断这个数额绝不是对方的心理底价，这一次出价之后一定还有第二次，甚至第三次，第四次。而且理赔员一开口就说他只能赔多少、多少，显然是他自己也觉得这个数目太少，不好意思开口

说，于是他选择了沉默。

理赔员果然沉不住气了，他主动说道："抱歉，请不要介意我刚才的提议，我再加一点。200 美元如何？"谈判专家说道："不行，我还是不可能接受你这样的条件，数目少得简直难以置信。"于是对方又说道："那好吧，我赔给你 300 美元怎么样？"谈判专家又一次回答："绝对不行。""好吧，那就 400 美元，这个数额已经很高了。"

"我还是接受不了，你再来看一下房子的受损情况吧。"就这样理赔员一次又一次将赔偿金增加，最后竟然以惊人的 950 美元的赔偿费结束了这次谈判。

在交际过程中，能否洞察对方的心理是很重要的，一旦你知道了对方的心理底线，再以正确的方法进行处理，那么胜算肯定是在你这边的。

杰克在一家公司工作了 3 年，在公司他以出色的应变能力得到了上司的赏识。一次，公司派他作为谈判代表与一家大企业谈判一笔产品的合作合同，谈判进行得非常艰苦，在技术授权和资金方面双方存在很大的分歧。在预定的谈判期限的最后一天，杰克认为自己所做的已经达到了双赢的目的，但是，那家企业的谈判人员，得寸进尺，一再地用自己的技术优势给杰克一方施加压力。

这时候的杰克清楚对方并不是不满意自己先前开出的条件，而是在争取更多的利益，自己绝不能再给对方机会了。他淡定地对对方的谈判代表说："我们的诚意已经给贵公司看到了，如果贵公司觉得这笔生意不合适的话，可以寻找另外的合作伙伴。至于新的合作伙伴能不能作出我们这样的承诺，我想大家都应该很清楚了。"对方的谈判代表仍然想给杰克一个下马威："那好，于先生，既然这样，我们也不必多谈了，我们先离开了。"

杰克始终面带微笑，没有漏出半点异色，那家企业的谈判代表将要拉门离开的时候，发现杰克没有挽留的意思，却又转身回来，缓和了语气："于先生，我想我们还是应该再谈谈,毕竟我们已经不是第一次合作了。"结果可想而知,杰克已经看到了对方的底线,所以以不变应万变,为公司争得了一笔大生意。

精明的谈判者都会不择手段地揣摩对方的真实意图,摸清了底牌,就掌握了谈判的主动权,这时再以什么方式取胜,便是技巧问题了。

看透对方心思,识破对方的底线,这样在说服中就能掌握主动权。

知己知彼,以实攻心

知道对方心中想什么,你才能知道说什么。要想说服他人,首先要对对方的心理作一番"侦察",猜透对方的心思。

达威尔诺先生原想为纽约一家旅馆供应面包。4 年期间每周他都去找旅馆负责人。他甚至在旅馆里租了间房间,住在那里,以便达成交易。不过,到底还是没能谈成。"但后来,"达威尔诺先生说,"我考虑了人的相互关系的本质以后,我决定改变策略,弄清旅馆负责人对什么感兴趣。

"我了解到,他是美国旅馆服务员协会的成员。不仅是这一协会的成员,而且还是协会的主席。无论这一协会的代表大会在什么地方召开,即便是跋山涉水,漂洋过海,他也会出席。于是,第二天见到他,我开始谈起这个协会。结果如何?他非常起劲地给我谈了半个小时。我一下子明白了,协会是他爱谈的话题,是他的嗜好。当时,我压根儿没谈面包的事。可没过几天,旅馆的财务管理员给我打电话,请我带样品和价目表去。'我不知道您和他在一起干了些什么,'财务管理员对我说,'但是您可以相信,您现在可以和他达成协议了。'

"想想吧,我想达成这个协议已经有 4 年了,假如我早不费劲地了解到

这个人对什么感兴趣就和他谈些什么话，早就达成协议了。"

你见过那种不听不问，一见到病人就开药方的医生吗？你和一个陌生人初次见面的时候，不管不顾就滔滔不绝地说话，就相当于不问病人就开药方的医生，效果怎么会好呢？你一定要对对方有所了解，才可以确定自己该怎么做才会最有效。

查尔斯属于纽约市一家大银行，奉命写一篇有关某一公司的机密报告，他知道某一个人拥有他非常需要的资料。于是，查尔斯先生去见那个人，他是一家大公司的董事长。当查尔斯先生被迎进董事长的办公室时，一个年轻的妇人从门边探进头来，告诉董事长，她这两天没有什么邮票可给他。

"我现在为我那 12 岁的儿子搜集邮票。"董事长对查尔斯解释。

查尔斯先生说明他的来意，开始提出问题。董事长的说法含糊、概括，他不想把心里的话说出来，无论怎样好言相劝都没有效果。这次见面的时间很短，没有实际效果。

"坦白说，我当时不知道该怎么办，"查尔斯说，"接着我想起他说的话——邮票，12 岁的儿子，我也想起我们银行的国外部门搜集邮票的事，从来自世界各地的邮件上取下来的邮票。

"第二天早上，我再去找他，传话进去，我有一些邮票要送给他的孩子。我是否很热诚地被带进去呢？是的。他满脸带着笑意，客气得很。'我的乔治将会喜欢这些。'他不停地说，一面抚弄那些邮票。我们花了一个小时谈论邮票，瞧瞧他儿子的照片，然后他又花了一个多小时，把我所想知道的资料全都告诉我，我甚至都没提议他这么做，他却把他所知道的，全都告诉了我，然后叫他的下属进来，问他们一些问题。他还打电话给他的一些同行，把一些事实、数字、报告和信件，全都告诉我。"

如果你能事先探听到对方的消息自然好，如果不能也没关系，你照样可以临时了解他，并根据得到的信息作出反应。当然，这需要你处处留心。

抓住心理，一蹴而就

准确地抓住对方的心理，说服他时才能说到"要害"，引起对方的共鸣和知音之感，让对方迅速接受你的观点。

说服他人是一场与对手进行较量的心理战术，如果不能很好地把握对手的底牌，往往会事倍功半。在很多时候，如果能够抓住对方心里最容易被打动的地方，是成功说服他人的关键。一个善于说服别人的人一定是一个善于读懂别人心理的人，是一个善于把握机会的人。

一对美国夫妇带着孩子去看电影，没买票，理由是"我们的孩子还小用不着买票"，检票员笑着说："瞧，你孩子这么高了，快齐您的肩膀了，你应为他买票而感到高兴啊！"那对夫妇脸上马上浮现出了笑意。"是啊，这小孩长得真快。"母亲笑着说，父亲掏钱买了票。

检票员正好说中了那对夫妇希望孩子快快长大的愿望，说了一句动听的话，就使那对夫妇欣然接受了检票员的意见，改正了错误。

巴拿马运河最早不是由美国开凿的。19世纪末，一家法国公司跟哥伦比亚签订了合同，打算在哥伦比亚的巴拿马省境内开一条连通大西洋和太平洋的运河。主持运河工程的总工程师就是因开凿苏伊士运河而闻名世界的法国人雷赛布，他自以为这一工程不在话下，然而巴拿马环境与苏伊士有很大的不同，工程进度很慢，资金开始短缺，于是公司陷入了窘境。

美国早在1880年就想开一条连贯两大洋的运河。由于法国先下手与哥伦比亚签订了条约，美国十分懊悔。

在这种形势下，法国公司的代理人布里略访问美国，向美国政府兜售巴拿马运河公司，要价1亿美元。美国早已对运河公司垂涎三尺，知道法国拟出售公司更是欣喜若狂。然而，美国却故作姿态，罗斯福指使美国海峡运河

委员会提出报告，证明在尼加拉瓜开运河省钱。报告指出，在尼加拉瓜开运河的全部费用不到2亿美元。在巴拿马运河的直接费用虽然只有1亿多，但另外要付出一笔收买法国公司的费用，这样，开巴拿马运河的全部支出将达2.5亿多美元。

布里略看到这个报告后大吃一惊。如果美国不开巴拿马运河，法国不是1分钱也收不回了吗？于是他马上游说，表明法国公司愿意削价，只要4 000万美元就行了。通过这一方法，美国就少花了6 000万美元。

罗斯福又用同一计策来压哥伦比亚政府。他指使国会通过一个法案，规定美国如果能在适当时期内同哥伦比亚政府达成协议，将选择巴拿马开运河，否则，美国将选择尼加拉瓜。

这样一来，哥伦比亚也坐不住了，驻华盛顿大使马上找美国国务卿海约翰协商，签订了一项卖国条约，同意以100万美元的代价长期租给美国一条两岸各宽3公里的运河区，美国每年另外付租金10万元。

在这个过程中，美国政府始终把握好了对手的心理底线，利用以退为进达到公关成功，用极低的价格达到了自己的目的。

温暖胜严寒，平和胜呵斥

在处理人与人之间的关系时，要特别注意讲究方式和方法。多予人温暖，少给人严寒。多温和相待，少严厉对人。

用温和的方式去启发他人进行自我思考或者反省，进而说服他人，往往比强硬的手段更有效。

因为每一个人都有自己的思想，都不是一个毫无防御能力的固定靶，并不是只要我们瞄准他，"砰"的一声枪响，他就会应声而倒。

在人际交往的链环中，任何人都不是被动的枪靶，而是沟通的主体。你要向他开枪射击，他难道就不可以躲避一下，或者操起心灵上的盾牌，给你挡回去？甚至拿起枪对你扣动扳机？

一天，学生小彼得被英语老师赶出了课堂。彼得在走廊里站了一会儿后，气冲冲地来到学长的办公室。学长清楚此时此景，如果对彼得进行严厉批评，甚至"体罚"一下，彼得肯定听不进去，甚至也会和自己发生冲撞。于是，学长站了起来，摸了摸彼得的头，"呦，火气还不小嘛！来，在我的椅子上坐会儿，消消气。"待他的情绪稳定下来，学长又用关切的眼神凝视着他，轻柔的语言飘荡在他的耳边，向他了解事情的经过。

面对学长的平静"温柔"，彼得的怒气渐渐平息，客观公正地陈述了事情的经过，言语中也有他的自责。课后，彼得主动向英语老师道歉。

对待这件事情，如果学长采取不分青红皂白，辱骂体罚，自然不能产生这样好的教育效果。

通常，很多老师都在为脱掉学生身上"某件大衣"而狠吹"北风"，但是，刺骨寒冷的"北风"只会激起孩子们的对立情绪和逆反心理。

凌厉的北风固然凶猛，可结果却会事与愿违；温和的南风虽然徐徐，却能达到预期目标。

有些人与大家在一起说话的时候，很要强，一次、两次可能因为你厉害，占了上风，但不久你就会发现，你已经失去了朋友。

我们经常会看到，在与别人发生矛盾、冲突时，如果各不相让，到最后只会弄得两败俱伤。我们何不学学温和的南风呢？遇到问题，心平气和地坐下来好好谈谈，这是说服他人解决问题的有效途径。

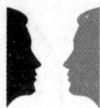

多用商量的口气来说服

在说服的过程中，与其喋喋不休地进行劝说，不如以商量的语气进行点拨。前者令人生厌，效果甚微；后者亲切而友好，收效也很显著。

当一个人受到他人的强制时，心理上很自然会产生反抗，同样的事，自愿去做和受到强制去做，效果相差很远。而且，被强制去做心中总是很不情愿。因此，要想说服他人，尽量多用商量的口气。

如果你要人家遵照你的意思去做事，应该用商量的口气向其提出建议。譬如说："你看这样做好不好呢？"假使你要你的秘书写一封信，把大意讲了以后，要再问一下："你看这样写是不是妥善？"看了要修改的地方，又说道："如果这样写，你看怎样？"你虽然站在发号施令的角度，可是要懂得别人是不爱听命令的，所以不应当用命令的口气。

一个盛夏的中午，一群工人在休息，一位监工走上去把大家臭骂一顿，工人们害怕监工，当然立刻站起来去工作了。可是当监工一走，他们便又停手了。如果那位监工上前和颜悦色地说道："朋友，现在这些工作很要紧，我们忍耐一下来赶一赶好吗？我们早早赶好了，早早回去洗一个澡休息，怎么样？"我想，工人们当然会一声不响地忍着暑热去工作。

人们常常听了对方说话之后，发现其中有一点自己不大同意，立刻就提出异议，而对方一听，就会以为自己的意见全被否定了，而会很不高兴。在这种场合，我们一定要记得预先说明哪一点，或者哪几方面，自己是完全同意的，然后指出自己与对方意见不同的只限于某一点。这样，对方很容易地就接受了你的批评或修正，因为他知道双方对于主要部分的意见是完全一致的。即使你所不同意的地方是对方意见的主要方面，你最好仍能预先表达对方意见中你所同意的各点，即使它是最不重要的一点。无论你的意见和对方意见的距离多么远，冲突得多么厉害，我们都要表现出一切都可以商量，并且相信，无论怎样艰难，大家都可以得到比较接近的看法。

如果你是一位领导，下命令给下级时，也应该考虑下级的心理，一厢情愿地下命令，容易招致下级的反感和反抗。比权威和压服更好的办法是用商量的口吻，使属下心悦诚服，体谅自己的苦心。

遇到棘手复杂的工作而吩咐下级去做时，应以劝服和协商为主。因为职员本来就为自己能否担任这一工作而惴惴不安，如果采用高压手段，下级会更恐慌："万一干不了或干坏了，领导会怎么处置我呢？还是拒绝算了！"或者职员因为工作妨碍到个人的休息和正常生活而不愿干，领导也不能以权力威胁于他或干脆就放弃了。如果改变一下方式，用商量的口气要求对方完成某项棘手的任务，部下也许能心甘情愿，将工作做得更好。

例如，不要说："我要你这样或那样去做。"而是用商量的口气说道："你看这样做好不好呢？"比如你要你的秘书写一封信，把大意讲了以后，可以再问一下："你看这样写是不是妥当？"如果有要修改的地方，可以说："如果这样写，你看怎样？"

总之，如果你要下级遵照你的意思去做事情时，最好是用商量的口气。

攻心话术　寻找说服突破口的途径

说服他人要有方向，有针对性，要善于寻找突破点，只要找到对方的突破点，再乘胜追击，就可以达到说服对方的目的。

说服是一门艺术，更是一个人综合素质的具体体现，比如一些权威言论或经实践证明的真知灼见，人们自然不说自服，而在日常生活中要想因某事而说服某人，就必须掌握一些说服的技巧和法则，以提高说服的效率。抓住对方的突破口说服他人是说服的有效捷径。

要想在最快的时间内寻找到说服别人的最佳突破点，可以试着从以下几种途径入手。

1. 从对方的性格入手

不同性格的人，接受他人意见的方式和敏感程度是不一样的。如：是性格急躁的人，还是性格稳重的人；是自负又胸无点墨的人，还是有真才实学又很谦虚的人。了解了对方的性格，就可以按照他的性格特征，有针对性地说服他了。

2. 从对方的长处入手

一个人的长处就是他最熟悉、最了解、最易理解的领域。如有人对部队生活比较熟悉，有人对农村生活比较熟悉，有人擅长文艺，有人擅长体育，有人擅长交际，有人擅长计算等。

在说服人的时候，要从对方的长处入手。第一，能和他谈到一起去；第二，在他所擅长的领域里谈论起来，他容易理解，因此容易说服他；第三，能将他的长处作为说服他的一个有利条件，如一个伶牙俐齿、善于交际的人，在分配他做推销工作时可以说："你在这方面比别人具有难得的才能，这是发挥你潜在能力的一个最好机会。"这样谈既有理有据，又能表现领导者对他的信任，还能引起他对新工作的兴趣。

3. 从对方的兴趣入手

有人喜欢绘画，有人喜欢音乐，有人喜欢读书，还有人喜欢下棋、养鸟、集邮、书法、写作等，人人都喜欢从事和谈论其最感兴趣的事物。从这里入手，打开他的"话匣子"，再对他进行说服，便较容易达到说服的目的。

4. 从对方的想法入手

一个人坚持一种想法，绝不是偶然的，他必定有自己的理由，而且他讲的道理一般都符合他自己的利益或人之常情。但这常常不是他想要坚持的，只是不愿承认，难于启齿。如果说服者能真正了解他的"苦衷"，就能有针对性地加以解决。

5. 从对方的情绪入手

一般来说，影响对方情绪的因素有以下方面：一是谈话前对方因其他事所造成的心绪仍在起作用；二是谈话当时对方的注意力还未集中起来；三是对说服者的看法和态度。因此，说服者在开始说服之前，要设法了解他当时的思想动态和情绪，这对说服的成败是一个至关重要的环节。

凡此种种，你都要悉心研究，才能够有针对性地采取有效的说服方式。另外，了解对方是有许多学问的。许多人不能说服别人，就是因为他不仔细研究对方，不研究该用怎样的表达方式，就急忙下结论，还以为"一眼看穿了别人"。这就像那些粗心的医生，对病人病情不了解就开了药方，当然不会有好的效果。

话多不如话少，话少不如话好

——处世交际攻心话术

说话心理学——

　　每个人的言行举止都会受到心理的支配。不同的心理决定不同的言行，即便在相同情况下，如果心理不同，选择的言行也有差异。因此在不经意间，生活中每时每刻都在上演着心理暗战。人际圈里的主宰者可以通过口才对他人心理进行操纵和干预，达到想要的目的；也可以依靠熟练的话语攻心术，使自己不必成为被人操控的玩偶。

第五章
这样说话讨人喜欢

少说"我"，多说"你"

在人际交往中，"我"字讲得太多并过分强调，会给人突出自我、标榜自我的印象，这会在对方与你之间筑起一道防线，形成障碍，影响别人对你的认同。因此，交往中与人说话，应少用"我"，多用"你""你们"。

福布斯杂志上曾登过一篇"良好人际关系的一剂药方"的文章，其中有几点值得借鉴：

语言中最重要的5个字是："我以你为荣！"

语言中最重要的4个字是："您怎么看？"

语言中最重要的3个字是："麻烦您！"

语言中最重要的2个字是："谢谢！"

语言中最重要的1个字是："你！"

那么，语言中最次要的1个字是什么呢？是"我"。

亨利·福特二世描述令人厌烦的行为时说："一个满嘴'我'的人，一个独占'我'字，随时随地说'我'的人，是一个不受欢迎的人。"

有人曾经作过调查，看看人们每天最常用的是哪一个字，那就是"我"

字。为什么人们对"我"字特别关心呢？就是因为大多数人都喜欢被人称赞，也喜爱称赞自己。因此，你若想得到你所希望得到的，就要避免与对方争高低，而要维护他人的自尊心。为了使对方的面子不受伤害，我们办事千万不要常把"我"字挂在嘴上，别说"我公司"，而说"我们的公司"。

1. 少说"我"多说"你"

说话好像驾驭汽车，应随时注意交通标志，也就是要随时注意听者的态度与反应。如果红灯已经亮了仍然向前开，闯祸就是必然了。无聊的人是把拳头往自己嘴里塞的人，也是"我"字的专卖者。

人们最感兴趣的就是谈论自己的事情，而对于那些与自己毫无相关的事情，众多的人觉得索然无味，对于你含有最大兴趣的事情，常常不仅很难引起别人的同情，而且还觉得好笑。年轻的母亲会热情地对人说："我们的宝宝会叫'妈妈'了。"她这时的心情是高兴的，可是旁人听了会和她一样地高兴吗？不一定。谁家的孩子不会叫妈妈呢？你可不要为此而大惊小怪，这是正常的事情，如果不会叫妈妈的孩子才是怪事呢。所以，你看来是充满了喜悦，别人不一定有同感，这是人之常情。

竭力忘记你自己，不要总是谈你个人的事情，你的孩子，你的生活。人人喜欢的是自己最熟知的事情，那么，在交际上你就可以明白别人的弱点，而尽量去引导别人说他自己的事情，这是使对方高兴最好的方法。你以充满同情和热诚的心去听他叙述，你一定会给对方以最佳的印象，并且对方会热情欢迎你，热情接待你。

2. 把"我的"变为"我们的"

说话时，把"我的"变为"我们的"，可以巧妙地拉近双方距离，使对方更容易接受你和你的话。

如果你在说话中，不管听者的情绪或反应如何，只是一个劲地提到我如何如何，那么必然会引起对方的反感。如果改变一下，把"我的"改为"我们的”，这对你并不会有任何损失，只会获得对方的好感，使你同别人的友谊进一步地加深。

我们经常看到记者这样采访："请问我们这项工作……"或"请问我们厂……"经常发现演讲者使用"我们是否应该这样"或"让我们……"等表达方式。这样说话能使你觉得和对方的距离接近，听来和缓亲切。因为"我们"这个词，也就是要表现"你也参与其中"的意思，所以会令对方心中产生一种参与意识。

如果说"你们必须深入了解这个问题"，便拉开了听众与演讲者的距离，使听众无法与你产生共鸣。倘若改为"我们最好再作更深一层的讨论"就会缩短与听众之间的距离，使气氛立刻活跃起来，达到共鸣的效果。

说话以我为中心、喜欢用"我"字开头的人是不会受人欢迎的。会说话的人，在语言传播中，总会避开"我"字，而用"我们"开头。

恰当地使用礼貌语言

人与人之间打交道，应当以礼貌的称呼开头。称呼得体，可使对方感到亲切，双方交往便有了基础。称呼不得体，往往会引起对方的不快甚至愠怒，会使双方陷入尴尬的境地，致使交往受梗阻甚至中断。

语言是思想的衣裳，它可以表现出一个人的高雅或粗俗。如果你要接通情感的热流，使社交畅通无阻，就应得体地使用礼貌语言。

很早以前，有位士兵骑马赶路，至黄昏时还找不到客栈，倏地见前面来了位老农便高喊："喂，老头儿，离客栈还有多远？"老人回答："五里！"士兵策马飞奔十多里，仍不见人烟。"五里、五里"他猛地醒悟过来，"五里"

不是"无礼"的谐音吗？于是他掉转马头赶回来亲热地叫了一声："老大爷"。话没说完，老农说："你已经错过路头，如不嫌弃，可到我家一住。"

交际谈话中如能使用礼貌语言，就会让人感到犹如春风拂面，使人与人之间的感情很快地融洽起来。例如：您好、谢谢、请、对不起、别客气、再见、请多关照，等等。

同人打招呼很多人常习惯问："你吃饭了吗？你到哪里去？"这似乎太单调，也有点不雅致，在这方面，我们应丰富自己的礼貌语言。如见面时称道"早安""午安""晚安""您夫人好吗"等。语言务必要温和亲切，音量适中。若粗声高嗓，或奶声奶气，别人对你就很难有好感。运用礼貌语，还要注意仪表神态的美，当你向别人询问时，态度尤其要谦恭，挺胸腆肚，直呼其名，或用鄙称，必遭人冷眼，吃"闭门羹"。

在交往中得体地使用礼貌语言，可以给对方留下良好的印象。

你和人相见，互道"你好"，这再容易不过。可别小瞧这声问候，它传递了丰厚的信息，表示尊重、亲切和友情，显示你懂礼貌，有教养，有风度。

美国人说话爱说"请"，说话、写信、打电报都用，如"请坐""请讲""请转告"。美国人打电报时，宁可多付电报费，也绝不省掉"请"，因此，美国电话总局每年从请字上就可多收入1 000万美元。美国人情愿花钱买"请"字，我们与人相处，说个"请"字，既不费力，又不花钱，何乐不为？

说话中少不了"对不起"三个字，凡是请人帮助之事，开口要说声"对不起"，如"对不起，我要下车了""对不起，请给我一杯水""对不起，占用了您的时间"。警察对违章司机就地处理时，先要说声"对不起，先生，您的车速超过规定"。两车相撞，大家先彼此说"对不起"。在这样的气氛下，双方自尊心同时获得满足，争吵自然不会发生。

成功人士说话非常注意用礼貌语言，如"你好""请""谢谢""对不起""打搅了""欢迎光临""请指教""久仰大名""失陪了""请多多包涵""望赐教""请发表高见""承蒙关照""拜托您了"等等。

礼貌的称呼好像是一个见面礼，又好像是进入社交大门的通行证。礼貌用语，令人心花怒放，满面春风。

不揭别人的短处和痛处

人生在世，各有所长，各有所短。若以我之长，较人之短，则会目中无人；若以我之短，较人之长，则会失去自信。在人际交往中切忌揭人短处，要知道"狗急还会跳墙的"。

《韩非子·说难》篇中曾对龙做了如下描述：龙的性情非常柔顺，人们可以和它亲近，甚至可以把它作为自己的坐骑。然而，它的喉下有一块长约尺许的逆鳞，如果有人触摸了它，那么它必然会发怒，以致伤人致死。

岂止龙有自己的忌讳之处，世界上每一个人都有自己的忌讳，也就是常说的"短处"。鲁迅笔下所描绘的阿Q、孔乙己、祥林嫂都是我们大家所熟悉的人物，他们虽然性格各异，但在他们身上却有一个共同的特点，那就是都有一处最怕人触动的"短处"。阿Q最怕的就是有人说他头上的疤，谁要是犯了这个忌讳，他准会去找人家拼命。孔乙己最怕人揭他的短，揭了他的短，他便涨红了脸，强词夺理、竭力争辩。祥林嫂的忌讳是她曾嫁过两个男人，这是她精神上最大的负担和面子上最大的耻辱，她捐过了门槛后，本以为自己变成了干净女人，动手去拿供品，但四婶大喊一声，使她旧病复发，精神崩溃了。

人们之所以有忌讳，怕别人揭自己的短处，说到底是自尊心问题，怕脸面上过不去。所以，你若想获得朋友，就一定不要触动他们的短处。

有一个叫鱼子的人，生性古怪，对人尖酸刻薄，总好揭人短处并以此为乐事。有一天，朋友们坐在一起吃酒，其中一个叫吴丑的因老婆管得太严厉而不敢多喝。鱼子便吵吵嚷嚷地说："你们知道吴丑为什么不敢吃酒吗？是他的老婆管教得太严了。有一次，吴丑喝醉了酒，还被老婆打了几个耳光呢！"吴丑被鱼子当众揭了短处，恼羞成怒，拂袖而去，大家不欢而散。

生活中不乏像鱼子这样的人，他们似乎认为，只有揭了别人的"短"，才足以证明自己的"长"，以此来获得心理上的满足。孰知这样的结果只能使人们对他们避而远之。

凡具有一定修养、品德高尚的人是从不揭人之短的，这样的例子在历史上比比皆是。据唐朝封演的《封氏闻见记》记载：曾做过唐朝检校刑部郎中的程皓，从不谈论别人的短处。每逢朋友中间有人说他人的坏话时，他从不跟着掺和，而且还说："这都是大家乱说的，其实不是这样。"然后再说一番他人的好处。像程皓这样的人能不赢得他人的好感吗？人们肯定会愿意与这样的人交朋友。

人们对于自己的忌讳，通常极为敏感。由于心理作怪，往往把别人的无意当成有意，把无关的事主动与自己相联系。有时，你随口谈一点儿什么事，也很可能被视为对他的挖苦和讽刺，正所谓"说者无意，听者有心"。因此，我们不仅应避免谈论别人的忌讳之处，同时也应注意不要提及与其忌讳之处相关联的事物，以免造成对方的误会，以致他的自尊心受到无谓的伤害。

明太祖朱元璋曾当过红巾军，被官家称作"红巾贼"。所以，朱元璋对"贼"字和与"贼"同音的"则"字最敏感，也最忌讳。一次，浙江府学教授林元亮作了《谢增俸表》，呈送朱元璋，上有"上则垂宪"一句话；还有位北平府学训导赵伯宁写了《贺万寿表》，上面有"垂子孙而作则"一句话。这些本来都是吹捧朱元璋的谀词，无非说他可做后世的楷模。不料朱元璋因对"则"字过敏，见到"则"字，便以为别人在骂他为"贼"，于是竟把这两人都杀掉了。自然，朱元璋的所作所为有些过于敏感，但是所留下的教训却是深远的。

俗话说："当着矮子不说短话。"对于个头低矮的人，最好不要提及"短""小"以及"木墩""武大郎"等与矮小相联系的话语，免得他人由于多心而伤心。对于犯过罪、判过刑的人，最好不要提及"监狱""罪犯"等与他的忌讳相关联之事。否则，他会认为你在指桑骂槐。

孟子说："恭者不悔人，俭者不夺人。"荀子说："与人善言，暖于布帛；伤人以言，深于矛戟。"被击中痛处，对任何人来说，都不是件令人愉快的事。尤其是对他人身上的缺陷，千万不能用侮辱性的语言加以攻击。当然，伤害他人自己也不会好受，所以我们应尽量避免让别人痛苦。

用兴趣做诱饵投其所好

共同的爱好、兴趣，也可能成为彼此友情的纽带。迎合对方的兴趣，谈论对方感兴趣的话题，对方肯定会感到愉快。投其所好，其实是很实用的人际交往技巧。

我们总是喜欢与自己喜欢的人打交道，也喜欢做自己喜欢的事情。如果我们想要得到他人的喜爱，从他人的兴趣爱好着手，比较容易得到他人的喜欢，我们做起事情来就会很顺利，自己得到了快乐，而他人也得到了愉悦。

都爱下棋，在路边棋场相识，相互成了棋友；都爱垂钓，在湖边相识成了钓友……这样共同的东西把彼此召唤到一起，在共同切磋中，便结下了友谊。某军校外面有一条清幽的小路，早晨常有人到这里跑步锻炼。一位姓王的教员和一位姓高的教员，每天跑步之后在这里相遇，然后一起散步，边走

边聊，由一般寒暄到相互了解。两个人都爱好写作，少不了交流体会看法，彼此虽没有物质的交往，却都觉得受益匪浅，渐渐成了好朋友。

有一对青年男女恋爱了，姑娘的父亲是高官，小伙子不仅人精明能干，长得亦帅气，但家在农村，故而，当姑娘对父亲提起这个小伙子时，其父认为门不当，户不对，便断然拒绝。姑娘一气之下要和家庭决裂，但这个小伙子却不让姑娘任性使气，并说他有办法改变姑娘父亲的执拗。他问姑娘她父亲有何爱好，当知道姑娘的父亲爱下棋、喝酒后，便让姑娘先对她父亲说另谈了一个对象，其他一切都不要提起。以后同姑娘去她家时，小伙子一去便提两瓶好酒，并顺便捎一对精致的小酒杯。小伙子为了那些酒杯，可是跑了许多工艺商店，今天两只高脚杯，明日一对有机玻璃三脚杯。结果姑娘的父亲喜爱上了这个年轻人。小伙子每次见姑娘的父亲，必定与之谈论围棋。为了弄通围棋，小伙子买了许多有关围棋的书报杂志。姑娘的父亲喜爱围棋纯属业余爱好，并未作过精心研究，而小伙子本对围棋不在行，为了打通姑娘的父亲这一关，自然下工夫不小，谈起围棋倒也俨然内行。加上小伙子精明机智，不到几个月，姑娘的父亲觉得这个小伙子很对胃口，于是答应把女儿嫁给他。

小伙子的成功，妙在善于投其所好，他能审时度势，化被动为主动，正如王健的《新嫁娘》中说的"未谙姑食性，先遣小姑尝"那样。他是通过姑娘，先知其父之所好，然后投其所好，抓住契机，取得了老丈人的欢心，达到了目的。

了解他人，主要是了解对方的价值取向和兴趣点，就是了解对方对什么事情最关心、最有兴趣。一件事对某个人来说很重要，但对另一个人来说却未必重要，也许是小事一桩，甚至不值得一提。如果你不了解对方的兴趣点，只顾自己好心好意地关心帮助对方，进行感情储蓄，在他看来也许毫无价值，这就起不到感情储蓄的作用，甚至会被认为是添麻烦，从而变成对感情账户的支取。所以，你一定要了解他人的兴趣点，必须把对方认为重要的事情摆在如同他对你一样重要的位置。你关心他的兴趣所在，这体现出你对他的了解和理解，而这种理解就是一笔巨大的感情储蓄。

每个人都有自己的爱好和兴趣，你若想接近某人或拉近与某人的关系，你就应该努力对他所感兴趣的事情做深入的分析和了解，利用这种兴趣可以架起一座与人沟通的桥梁。

在现实生活中，如果能够"投其所好"，你的人际交往就会顺利得多，事情也会好办得多。卡耐基在《如何赢得朋友》一书中列举了十条人际交往中应该掌握的技能，其中一条就是谈论别人感兴趣的话题。卡耐基说："经常让别人感到他很重要。认为别人重要说明你尊重他，并且，人们常常希望在别人某一方面的能力表现不足时表现自己。"

在与人交谈的时候，智者总会找到对方感兴趣的事或物进行交谈，使谈话的气氛友好而和谐，而愚者则对自己感兴趣的事情或自己的爱好大肆吹嘘，使对方感到谈话索然无味。所以，不同的谈话形式带来的结果也不尽相同。

多谈对方得意事少提自己

设身处地地为别人想想，说话时才能感同身受，才能真正理解别人。所有人都渴望得到关爱，关爱让生活多姿多彩，可以让欢声笑语充满人间。人人都需要关怀与爱护，这是一种世界性的现象。给别人关心与帮助，也能得到他人的尊重与爱护。

人生不可能一帆风顺，挫折、背运是难免的。落难之时，虽然自己倒霉，但是也是对周围的人们，特别是对朋友的考验。因为患难之处见真情，远离

而去的可能从此成为路人，帮助其渡过难关的，他可能感激你一辈子。所谓莫逆之交、患难朋友，往往就是在困难时候形成的。这时的友谊也往往最有价值，最让人珍视。

在"文革"中，有一位领导被关进了牛棚，没有人敢接近他。他一度丧失了对生活的信心，动了自杀的念头。这时他的一个老部下，不怕被连累，主动来见他，给他送东西，并开导他，甚至狠狠地批评他的想法，鼓励他，指出他的前途是光明的。他终于坚持了下来。后来，这位领导得到平反，十分感谢他的这个部下，把他当成知己。在这个部下得了重病的时候，这位领导把全部积蓄拿出来给他看病，后来又把他接到自己家里疗养，足见患难见真情。

"我们不知道他那时候那么痛苦，即使知道了，我们也帮不上忙啊！"许多认识他的人说。这种人与其说他不知道朋友的痛苦，不如说他根本无意知道。人们总是可以敏感地觉察到自己的苦处，却对别人的痛处缺乏了解。他不想去了解别人的需要，更不会花工夫去了解；有的甚至知道了也佯装不知道，没有切身之苦、切肤之痛罢了。

当然很少有人能做到"人饥己饥，人溺己溺"的境界，但我们至少可以观察一下别人的需要，时刻关心朋友，帮助他们脱离困境。当朋友身患重病时，应该多去探望，多谈谈朋友关心的或感兴趣的话题；当朋友沮丧时，应该给予鼓励，告诉他："这次失败了没关系，下次再来。"当朋友愁眉苦脸、郁郁寡欢时，你应该亲切地询问他们。这些适时的安慰会像阳光一样温暖受伤者的心田，带给他们希望。

有两位要好的女友，吴莉、孙菲，她们一起去参加舞会。舞场上的许多男士频频与吴莉共舞，却在不知不觉中冷落了孙菲。吴莉下意识地感觉不妥，于是托词身体不适，奉劝朋友们邀请孙菲。男士们尊重了奉告，孙菲被他们带入舞池，孙菲的快乐是不言而喻的。

　　吴莉在自己快乐的时候，也注意了女友的感受，不想女友被忽视，使女友的心灵得到抚慰，这必定会使她们的友谊更深一层。我们的一言一行都要为对方的感受着想，学会安抚对方的心灵，不可以使对方产生相形见绌的感觉。与此同时，自己的心灵也会得到安慰，也会有一个极好的心情。

　　我们经常可以看见一些人喜欢大谈自己的得意之事。殊不知，对方不仅不会认为了不起，甚至会认为对方是不成熟、好卖弄的人。与人交往尽可能保持低调不要提自己的得意之事，这也是关心别人感情的表现。

　　然而，每个人都想被评价得高一点。明知不可谈得意之事，却情不自禁地特谈，这是人性中炫耀的本能所导致的。完全不谈得意之事又不可能，但是说的时候不妨注意一下谈的方式。至少在别人未谈得意之事之前，自己也不要谈。

　　一位女士的宝贝女儿，从剑桥毕业回国之后，在深圳一家金融机构供职，薪金数万。这位女士相当自豪，她面对亲朋好友时，言必称女儿的风光，语必道女儿的薪俸。偶然被女儿发觉，她极力制止母亲，说总夸自己的女儿，突出自家的好，人家会受不了，不要因此伤害了他人。

　　女儿的话在情在理。可见在叙述自我时，要防止过分突出自己，切勿使别人的心理失衡，产生不快，以致影响了相互之间的关系。一定要设身处地为别人想想，不要为了图自己一时的快活而伤害了别人。

　　关心他人，不仅要关心他人的困难，还要在说话时关心他人的感受。就如上面以自己女儿为自豪的女士，有子女的父母都希望自己有令人骄傲的子女，但是未必人人都有那个好运气。当自己的孩子有着骄人的成绩时，别人原本就是羡慕不已的，但是如果还在别人面前时时提起，别人又会有何感受呢？恐怕是由羡慕转为嫉妒，再就是愤怒了。我们在说话做事的时候，也要想想别人的感受。

重复话语加深印象

适当重复对方的话语，既体现对对方的尊重，还可以对问题和结果进行强化，激发对方谈话的兴趣、加深对自己的好感。

朋友之间的交往，必须给人以信任感，这是不言而喻的。那么，怎样才能让朋友对你产生信任感呢？其实很简单——沟通的过程是最容易获得朋友信任的时候，而沟通过程中能否适当地重复对方的话尤为重要。很多人都有这样的错误认识，总是重复对方的话好像显得自己比较啰嗦，容易引发他人的不满，其实实际情况并非如此。的确，过多的重复容易给人造成一种错觉，然而要是重复得恰到好处，适当的重复对方说话的重点，那么对方便认为你很重视这次谈话，能够抓住谈话的重点，这样的话，效果就不一样了。大部分人对自己的语言都有一种特殊的感情，尤其是某些情况下经过深思熟虑之后的发言，这类发言对于他们自我满足感来说相当重要，这个时候一旦我们对他人的话不以为意或者不加重视，就很难让他人对我们有什么深刻的好印象，相反地还会把我们纳入不能"志同道合"的陌生人的范畴，那样我们就无法和这样的人接触，也就得不到他的好感了。

其实，在这个过程中，我们只要以同样的心情了解对方的烦恼与要求，满足一下他们内心的满足感或者说虚荣心，很容易收到好的效果。

比如，在与朋友交谈时，当听取了朋友的某种意见时，一面要点头表示自己同意，一面要适当重复对方的话，这样就能让对方感觉受到了重视，从而不由自主地将心里话说给你，将你当做好朋友来对待。

在恰当的时候重复对方说话的重点，这是一种加深他人对我们印象的最简单有效的方法。很多时候，除非你能引用他人的经验去让他理解你所说的话，否则他人甚至不知道你在说什么。实际上，有些人只有在自己的经验范围内才能理解他人的话，因此，与这种人交流时，如果不能迅速引用他们自己的经验，他们也不会了解我们想要表达的事物。这是因为，大部分人都很懒惰，懒得动脑去思考问题，如果他们从一开始就不明白你在说什么，那么，他们可能就永远也不会明白了。

所以，当一个聪明人想把自己的想法和意见说给他人听时，他总会设法运用对方所熟悉的语言，使其能迅速理解自己想说的话。

就是因为运用了这个策略，纽约著名的编辑阿莫斯·科明才能在报界获得一份工作。

他18岁时第一次到纽约，只想到一家报社去做编辑。当时，纽约有成千上万的失业人员，几乎所有的报社都被求职的人挤满了。在这种情况下，科明是很难达成他的愿望的。

科明在一家印刷厂做过几年排字工人。这是他所有的也是唯一的工作经验。

但是，他知道，和他一样，《纽约论坛》的老板荷拉斯·格利莱幼年也在印刷厂里做过学徒，所以，科明决定先去《纽约论坛》试试。科明想，格利莱一定会对与他有相似经历的孩子感兴趣的。事实证明他是对的，他果然被录取了，他十分容易地让格利莱相信他是值得雇用的。科明完全是因为能巧妙地借用格利莱自己的经验来达到目的的。

在查尔斯·布朗的故事中，我们也可以看到这种简单而有效的策略。本来，查尔斯·布朗是一名船长，后来，他成了全球最大的玻璃工厂匹兹堡平板玻璃公司的总经理。

创业初期，他在明尼阿波利营做着彩色玻璃的生意。当时，有一家与他一起竞争一笔大生意，他及时了解买主的特殊经验，他获得了成功。了解到这份合同的决策者都是美国西部的人，因此，布朗故意做了一份粗犷狂放的计划书，而他的竞争对手却恰恰相反。最后，布朗拿到了这份合同，因为他

用买主的熟悉的文字制订了合同。

说话者愈能将自己的思想融入听众的经验中，就愈容易达到目的。比如说：我们对朋友说我们的邻居买了一车紫苜蓿。但是朋友从来未见过紫苜蓿，于是对此十分困惑。因此，我们向其解释："紫苜蓿是一种草。"于是，朋友马上就对紫苜蓿有了一个大体的印象。这样，经过我们补充一句话就变得十分容易理解了，这是因为说者将解释融入了其中。

总之，如果要他人相信你，关键是要举出与听者的经验相似的事实，用他熟悉的语言去与他沟通。

你知道多少，就说多少

谦逊比精明逞强更能获得人们的帮助，细声小语有时反比伶牙俐齿更易取得成功。大丈夫隐藏在自己的舌头后面。

卡耐基说过一个故事：

有一次，我去旁听一位美国加州大学著名教授的演讲。课上他提出他做的老鼠实验的结果。此时，有一位学生突然举手发问，提出了他的看法，并问这位教授假如用另一种方法来做，实验结果将会如何。所有的听众全都看着这位教授，等着看他如何回答这个他根本就不可能做过的实验。结果，这位教授却不慌不忙，直截了当地说："我没做过这个实验，我不知道。"

当教授说完"我不知道"时，台下响起了经久不息的掌声。

心理学家邦雅曼·埃维特曾指出，平时动不动就说"我知道"的，不善于同他人交往，也不受人喜欢；而敢于说"我不知道"的人，显示的则是一种富有想象力和创造性的精神。埃维特还说，如果我们承认对某个问题需要思索或老实地承认自己的无知，那么我们自己的生活方式就会大大的改善。

这就是他竭力提倡的态度，人们可以从中得到益处。

人们不喜欢摆出一副不懂装懂的姿态，殊不知这样反倒给人一种有效的表现自我的方式，因为坦率本身就会给人一种强烈的印象，会让人觉得你很诚实而对你产生依赖感。

与人交谈时，什么都可以谈，但是，在浩渺无边到处都可以航行的谈话题材的大海洋里面，也有一些小小的礁石，要留心地避免它。对于你所不知道的事情，冒充内行，是一种自欺欺人的行为。你知道多少，就说多少，没有人要求你做一个百科全书，即使是一个最有学问的人，也不可能无所不知。所以，坦白承认你对某些事情的无知、不知道，这绝不是一种耻辱，相反的，这会使别人认为你的谈话有值得参考的价值，没有吹牛，没有浮夸，没有虚伪。

在社交场合，如何用不同的方式表达自己的谦虚，才能给人留下一个良好的印象呢？

1. 转移对象

如果表扬或赞美使你感到在众人面前窘迫的话，你不妨想办法转移人们的注意力，使自己巧妙地"脱身"，把表扬或赞美的对象"嫁接"到别人的身上，但要有所依据，不然也会显得空和假。

2. 妙设喻体

直言谦虚，固然可取，但弄不好会给人一种虚假的感觉。特别是两个人之间，如果仅仅说"你比我强多了"这类话，容易有嘲讽之嫌。遇到这种情形，你不妨用比喻的方式，巧妙地表达自己的谦虚。

3. 自轻成绩

任何称赞和夸奖，都不可能毫无缘由，或者因为某件事，或者因为某方面的成绩。这时你不妨像绘画一样，轻描淡写地勾勒一笔，能在淡泊之中见神奇。

4. 相对肯定

面对别人的称赞，如果把自己说得一无是处，不但起不到谦虚的作用，反倒给人一种傲慢的感觉。正如俗话所说："过分的谦虚等于骄傲。"现实生活中，类似这样的情况屡见不鲜。所以，谦虚要掌握一定的分寸。

5. 征求批评

面对人们的赞美，诚恳地征求大家的批评，这是表现你谦虚精神的一种最有效的方法。但注意要适度，不然虚心也就变成了虚假。

我们在社交生活中，可以根据不同的场合、不同的环境、不同的交际对象，去不断创造自我，虚心学习。

只要虚心、努力追求谦虚的品格，在谈话时保持平和坦诚的态度，尊重对方，就一定会成为一个受人敬重的人，说话的分量也会相应增大。

忠言不逆耳，直话要婉说

委婉平和的话语总是让人听着顺耳，那么，在向人提出意见相左的忠告时，为什么不这样做呢？

忠告对于帮助他人和建立真诚的人际关系，起着难以替代的重要作用。反过来讲，不能给予他人忠告的人不是真诚的人，这种人不会将自己的真实感受告诉对方。也就是说，不关心别人的人不会给予他人忠告，不被关心的人也同样得不到忠告。因此，我们应该欢迎忠告，更应该给人以忠告。

尽管如此，为什么一般人都讨厌忠告，忠告为何听起来总不顺耳呢？

究其原因，就在于一般人容易受感情支配，即使内心有理性的认识，仍易受反感情绪的影响而难以听进理性的忠言。仅有为别人着想的良好愿望还不行，忠告也需要技巧，否则就会收到反效果。如果我们注意忠告的三个要素，我们的忠告就会被人接受，忠言也就顺耳起来了。

首先，要谨慎行事。说到底，忠告是为了对方，为对方好是根本出发点。因此，要让对方明白你的一番好意，就必须谨慎行事，不可疏忽大意，草率行事。此外，讲话时态度一定要谦和诚恳，用语不能激烈，也不必过于委婉，否则对方就会产生受教训的反感情绪。

其次，选择恰当时机。原则上讲，提出忠告时，最好以一对一，避开耳目，千万不要当着他人的面向对方提出忠告。因为这样做，对方就会受自尊心驱使而产生抵触情绪。

最后，不要比较。就是不要以事与事、人与人比较的方式提出忠告。因为此时的比较，往往是拿别人的长比对方的短，这样很容易伤害对方的自尊心。

人都有自尊和爱面子的心理，听到刺激性的话语总会产生拒绝心理。忠言也要顺耳，委婉的忠告比直言的规劝更有说服力，更容易让人接受，更能够打开对方的心扉。

人们常说良药苦口，忠言逆耳，但是，为什么良药就一定是苦的，忠言就一定是逆耳的呢？现代医学十分发达，许多良药如蜜糖、如水果，早已不苦口。语言科学发展至今，批评的忠言也可做到"顺耳"，人人爱听。

攻心话术　交谈时 5 种禁忌话题

信口直说人人忌。在社交场合与人讲话，要根据不同的情况而说不同的话，同时在说话时要慎重考虑哪些话该说，哪些话不该说。

说话要有分寸，分寸拿捏得好，很普通的一句话，也会平添几许分量；

话少又精到，给人感觉深思熟虑。而说话的分寸取决于与你谈话的对象、话题和语境等诸多因素。总之，说话要言之有度。

有度的反面则是"失度"，什么叫做"失度"呢？一般来说，对人出言不逊，或当着众人之面揭人短处，或该说的没说，不该说的却都说了。这些都是"失度"的表现。

下面我们就简要介绍一些在谈话中禁忌的话题，接触这些话题容易导致谈话"失度"，产生不良效果。

1. 随意询问健康状况

向初次见面或者还不相熟的人询问健康问题，会让人觉得你很唐突。当然，如果是和十分亲密的人交谈，这种情况不在此列。

2. 谈论有争议性的话题

除非很清楚对方立场，否则应避免谈到具有争论性的敏感话题，如宗教、政治等易引起双方抬杠或对立僵持的话题。

3. 谈话涉及他人的隐私

涉及别人隐私的话题不要轻易接触，这里包括年龄、东西的价钱、薪酬等，容易引起他人反感。

4. 个人的不幸

不要和同事提起他人所遭受的伤害。例如，他人离婚了或是家人去世等。当然，若是对方主动提起，则要表现出同情并听他诉说，但不要为了满足自己的好奇心而追问不休。

5. 讲品位不高的话

一些有色的笑话，在房间内说可能很有趣，但在大庭广众之下说，效果就不好了，容易引起他人的尴尬和反感。

除上述要注重的几点外，说话还要注意尽量客观，实事求是，不夸大其词，不断章取义。讲话尽量真诚，要有善意，尽量不说刻薄挖苦别人的话，不说刺激伤害别人的话。

在人际交往中，谈话要有分寸，认清自己的身份，适当考虑措辞。哪些话该说，哪些话不该说，应该怎样说才能获得更好的交谈效果，是谈话时应注意的。

我们还应该注意自己在谈话中的声调、手势、面部表情等方面，努力使各个方面协调、得体。这样，我们就能大大增强自己说话的吸引力。

第六章
这样说话人人都是你的粉丝

适当时机闭上嘴巴倾听

即使你是天才的演说家，周围的观众也难免会有厌烦的时候，所以，要在适当的时候学会闭上嘴巴，倾听周围人的声音，在他人的诉说中获知一份真实的感情，一份隐秘的心语，从而获得他人的尊重和信赖。

要想成为一个善于与人沟通的谈话高手，就要先从一个倾听者做起。谈论他人比较喜欢的话题，鼓励他人谈论自己以及他取得的骄人成绩。在倾听的时候，你需要记住的就是与你谈话的人对他自己的一切，远比你要提问的问题感兴趣得多。

我们大多数人常听而不闻，很多人在听别人说话时心里却在想自己的事情，根本没有用心去聆听对方在说些什么。而真正的倾听者绝不只是单纯地听而已。倾听者虽然不是谈话的主角，不需要说太多，但是聪明的倾听者往往会积极地、适时发表一些自己的见解，以表示自己是在听对方谈话。要做到善于倾听他人的谈话，很重要的一点就是全身心地投入到对方的谈话之中，能够时不时地问一些问题，或者是鼓励对方多谈他喜欢谈的事情，其中还需做到及时、机智地点头，这些反应也表明自己一直在认真倾听，这样诉说者才会想继续下去。

善于倾听，会让你处处受人欢迎，见机行事，适时地闭上嘴巴。人人都有思想和意见，一旦这种思想和意见积聚过多，就要找个方式释放一下，此时，最好的方式便是与他人沟通、交流，所以，如果有一个人能够在这时全神贯注地倾听他的诉说，必定会博得对方的认同和好感。

此时如果是一位具有包容心与忍耐力，并且十分友善的倾听者来与这样的人打交道的话，那么气愤的找事者大多会做到沉着、冷静，尽量克制自己。

很多人在交往时，往往牢牢地控制谈话权，不给对方任何可以说话的机会，因此错失了很多机会。倾听是一门艺术，世界上最难做到的事莫过于适时地闭上嘴巴。如果你想成为最受欢迎的人，那么，和对方谈话时最好把说话的机会留给他人，让他人说他们所关心的事和人。

少说多听能够创造愉悦的氛围，少说多听是对意见相左的宽容，能避免矛盾的激化。总之，少说多听可使你有更多的时间平复自己的情绪和思考，多进行分析，从而强化自己的语言天分，以便在适当的时候作出及时的反应。多倾听，可以让我们的生活变得更加快乐，让身边的人更喜欢你，让朋友更信任你，让亲人更离不开你。很多人都曾有过这样的经历：当有人在认真倾听并理解我们的时候，我们会感到被尊重，同时对对方产生感激和好感。

学会适时地闭上嘴巴，倾听他人，理解他人，能让我们拥有更多的朋友。当我们静静地坐下来倾听对方内心的声音，同时以清澈的眼神注视着对方时，会让彼此产生心灵上的共鸣。

但许多人并不懂得这个道理。当别人说的话自己不同意时，往往不等别人说完，就想插嘴。实际上，这样做是不理智的，不但不能使别人放弃自己的主张来迁就你的意见，而且还让别人觉得你非常没有礼貌。你想想别人正有一大堆的话急于说出来，你却插嘴，这时他根本就不会注意你想表达的意思。所以，我们必须耐心听，并且鼓励对方把意见完全说出来。

故意发表一些错误的看法

小小的心理策略，往往能够取得意想不到的效果。我们要是掌握它们，会为我们的生活与工作带来很大的方便。你能想到么？有时候故意犯点错误，也能够成功。

当我们与他人相处，想打开话匣子却不知道如何说起时，我们可以故意说错一些对方很熟悉的事情，让对方为你纠正，此时你只需要做一个用心的听众就可以了，你们的沟通就开始了。

保尔·里奇是《芝加哥日报》的著名记者。此时，他正坐在胡佛的专用列车上，并且还和胡佛在同一节车厢。现在，他感到十分烦恼。他紧紧地跟着胡佛，对他来说，这是一个采访这位著名人物的绝佳机会，眼看着这个可以获得第一手资料的绝好机会就要过去了，他却一无所获，因为胡佛不想开口。有好几次，里奇都把话题扯到了胡佛平时最感兴趣的事情上，想调动他谈话的积极性。可胡佛紧闭的双唇告诉他，他的努力是徒劳的，胡佛此时对任何事情根本不感兴趣。此时的里奇面临着一个每个人都曾遇到过的难题：他想给一个比他年长而且位高权重的知名人士留一个好印象，可这位知名人士对他一点兴趣也没有，冷淡得很。在这种状况下，里奇用什么方法才能让胡佛注意到自己呢？就在他束手无策时，他灵机一动，想到了一个在新闻采访中常常会用的心理策略：对内行故意发表一些外行的错误看法，以此引发被采访人反驳的兴趣。里奇说："正当我想要彻底放弃时，上帝保佑，我对一件事发表了一明显错误的看法，而胡佛对这件事是很内行的。"

"当时火车正行经内华达州。我望着窗外那些寂静而凄凉的荒地和远处烟雾弥漫的群山说：'上帝！没想到内华达州还在用锄头和铲子人工垦殖呢。'"

"听了我的这些话，胡佛马上接着我的话说：'近代以来，那些旧式的、毫无目的的开垦早就被先进的机械方法替代了。'就这样，他几乎用了整整一个小时的时间跟我聊有关垦殖的事情，他越说越高兴，后来还跟我说起石油、航空、邮递等其他几个方面的问题。"

胡佛是当时世界上地位最显赫的人物之一，他作为共和国总统候选人到巴罗、阿尔托做巡回演讲。不知有多少重要的客人在他的专车里盼望能与他交谈，以引起他的注意，可他却与从未谋面的里奇神采飞扬地聊了将近两个小时。

里奇成功了，通过这次谈话，他给胡佛留下了很深的印象。

从这里我们可以知道，里奇能赢得这次机会，不是靠他所表现出来的聪明，与此相反，正是由于他表现了自己学识不足的一面，让胡佛有了一个指出他错误的机会。在无形中，他也得到了自己想要的结果。

里奇的这个策略为何会对胡佛如此有效呢？因为人都有表现欲望，都希望别人知道他优秀的一面，一旦这个表现欲望被激发出来，他就会竭尽全力去做他认为他很拿手的事情。

寻找有兴奋点的话题

人在生理、心理上都有各式各样的需要，我们应当尽可能从某一方面去满足对方的需要，并以此为前提，同时也尽可能满足自己的需要。

话不投机半句多。我们与某些人谈话越谈越投机，与某些人谈话却三言两语就想离开。人在社会交流中，运用得最多的就是嘴巴，我们要把这个利器用到极致，就要掌握好交谈的技巧。除了谈论对方感兴趣的话题外，更

重要的是让对方也加入交谈，而不是一个人在那里独自侃侃而谈。在交谈中，要注意避开对方敏感，不愿触动的话题；不要伤及对方的自尊心；更要让对方有发表自己见解的机会。

在交流中，要对他人及他人关注的事情感兴趣，不要把话题总是围绕在自己或是自己感兴趣的事情上。交谈是互动的，不是单向的。谈话要从别人的立场出发。如果你一天之中听到十几遍相同的话："今天天气很好，是么？"或是："你吃饭了么？"你对问话之人会有什么样的想法呢？这样的开场白显然让交谈无法开展下去。如果真心的想与人交流，就应该真正对别人感兴趣，就应该用心思寻找他人感兴趣的话题。

日本作家桐田尚作曾经说过："要建立良好的人际关系，要先多了解每一个人的家庭背景和生活环境，如此才能切入他的思想领域，和他进行更密切的沟通和良好的互动。"

平常，我们在与人交谈的时候，最好选择那些容易引起别人兴趣的话题，而那些不吸引人的话题最好少谈，这样才能使交谈深入下去。

每个人都有自己的情况，诸如地位、素养、身份、职务、兴趣、气质、性格、习惯、经历等，都各不相同，因而决定了每个人选择的话题的不同标准和需要。

一个话题，只有让对方感兴趣，会话才有继续进行的可能。如果只是从自己的兴趣出发，肯定会使别人感到索然无味。

美国女记者芭芭拉·华特初遇世界船王兼航空业巨头奥纳西斯时，他正与同门热烈讨论着货运价格、航线、新的空运构想等问题，芭芭拉始终插不上一句话。

在共进午餐时，芭芭拉灵机一动，趁大家讨论业务中的短暂间隙，赶紧提问："奥纳西斯先生，你不仅在海运和空运方面，甚至在其他工业方面都获得了伟大成就，这真是令人震惊。你是怎样开始的？起初的职业是什么？"

这个话题叩动了奥纳西斯的心弦，使他撇开其他人，同芭芭拉侃侃而谈，动情地回忆了自己的奋斗史。

这就是一个好话题的威力，它激发了对方的荣誉感和成就感。一个话题如果能在某方面满足对方的需要，就能促使对方侃侃而谈，也同时满足谈话者的需要。

在生活中，我们时常都会遇到陌生人，飞机上的邻座，同一车厢上下铺的旅客，地铁或是汽车站站在你旁边的乘客，同乘一部电梯，同在一个屋檐下躲雨，同一考场的考生，参加同一次面试，等等。常言说得好："相逢即是有缘。"多个朋友，多条路，朋友多了好办事。把陌生人变成你的朋友，是一个人高超的社交能力和社交艺术的表现和反映。当你遇到陌生人的时候，你会不会与他或她交谈呢？想让他或她对你有一种相见恨晚的感觉吗？这就需要掌握和陌生人交谈的语言技巧。有道是"拥有好口才，陌路也能成知己"。

善于找到兴奋点。有的人相处了一辈子仍形同陌路人，而有的人却能一见如故。要想让陌路人成为知己，就要细心观察，找到兴奋点和关注点。由此，可以引出话题来。

善于寻找双方的共同点。同陌生人交谈，还要善于寻找自己同对方的共同点，这样会使双方产生一种相见恨晚的感觉。

杨光坐火车回家，找到自己的床铺后，就主动和下铺的人攀谈起来："您好，我是从上海来的，你是哪里人啊？"

"嗯，云南大理。"

"大理啊，那可是个好地方，那可是五朵金花的故乡，还有金庸先生的好多电视剧就是那拍的。"

"是啊，那里有个天龙八部影视城。"

"那你是白族吗？"

"是啊！"

"我听说白族的三道茶很有名的。"

"当然了，这个三道茶啊……"于是，两个人就这样从三道茶、云南各民族的风土人情再到金庸小说一直聊了很久，颇有相见恨晚的感觉。最后下车时，相互留下了联系方式，后来还真的成了朋友。

交谈是增进人与人之间情感的润滑剂。敢于同陌生人交谈，并善于巧找话题，就能更好地提高人际交往能力，有效地扩展人际交往的领域。这需要一个前提，就是要大量涉猎各个知识领域，拥有广而博的知识面。这样，在和不同陌生人交往时，你就能有话可说，不至于一问三不知了。

成功谈话的秘诀重要的不是交谈，而是寻找共同感兴趣的话题。在谈话时，要学会察言观色，抓住对方的心理状态。如果对方情绪低落或是伤心欲绝，那就不要急于交谈，而是先安抚对方或是让对方自己一个人独处；若是对方兴高采烈、兴致盎然，你大可以提出话题与之分享。一般引入的话题可以是对方的爱好，因为人们在谈到自己的爱好时总是很容易入耳，谈起来也会口若悬河、津津有味。也可以寻找出双方的共鸣点。如有相同的阅历，相同的爱好，或是对双方共同知悉的一些事情发表见解。在交谈中，要掌握他人心理，做一个受人欢迎的人。

对关心的事情巧妙提问

听别人说，引导别人多说，这才是有效的沟通之道。他说得越多，你了解得越多。谈论自己太多，是沟通无法顺利进行的重要原因。如果一个人说得太多，别人说话的时间就少了，你就无法知道什么对他是重要的。赢得他人好感的办法是自己少说、引导他人多说，这样才能激发别人与你互动的兴趣，才能与之建立良好的关系。

如果你是一位领导，你找一些下属，询问他们有关新项目的计划方案，还没等他们说，你先说出了一大堆你自己的想法：你的期望是什么，你对进程的安排怎样，你对方案的初步设想是什么。其实，这并非明智之举。

你为什么不等一等，让你的下属畅所欲言，听他们先说？你怎么不想想，他们很可能有全新的观点，想到你不可能想到的好点子？你先说了一大半，如果他们想的与你想的不一样，他们可能会顾及你的面子而不愿说或者因为害怕得罪你而不敢说。

某公司的总裁，当他试着鼓励员工积极主动参与会议讨论时，他发现没有多大效果。于是，他在员工会议上做了录音，会后，他仔仔细细地听了一遍回放录音，他惊讶地发现问题就在自己身上。例如，当提出一个问题进行讨论时，他自己首先说："你怎么想的？我是这么想的……"这样就把讨论集中到他自己的观点上了。录音帮助他发现了矛盾，解决了问题。此后，他说得少了，员工们自然说得多了，他获知的信息也就多了。

你是否注意过自己：与人交谈时，别人说话的时间与你说话的时间各占多大比例？仔细留意一段时间，你会发现，自己谈话所占用的时间远远超出自己的想象。

一位记者在回放他的采访录音时，找出了他的很多采访毫无用处的原因。因为他惊讶地发现，在整个采访过程中，他占用了大部分的时间来谈他自己，他的能力，他的成就，他的兴趣。

如何引别人多说呢？

"设问"是一大秘诀。使原本没有疑问而自提自问，是明知故问。设问用得好，能引人注意，诱人思考，把谈话内容变得更加吸引人。

"设问"是沟通过程中一大利器，是接近那些难以接近的人的最好办法。如果你想在你的生活与工作中，与需要建立关系但又很难相处的人交往，你可巧妙地设问，让他们多多谈论自己。要知道，人们在谈论自己的时候，总

是高兴的、投入的，只要他们高兴了，便容易与你形成互动。

保险员原一平前去拜访一位建筑企业的董事长渡边先生。可是渡边并不愿意理会原一平，一见面就给他下了逐客令。原一平并没有退缩，而是问渡边先生："渡边先生，咱们的年龄差不多，但您为什么能如此成功呢？您能告诉我吗？"

原一平在提这个问题时，语气非常诚恳，脸上表现出来的跟他心里想的一样，就是希望向渡边先生学习成功的经验。面对原一平的求知渴求，渡边先生不好意思回绝他。于是，他就请原一平坐在自己座位的对面，开始把自己的经历向他讲述。没想到，这一聊就是三个小时，而原一平始终在认真地听着，并在适当时候提了一些问题，以示请教。

最后，渡边先生建筑公司里的所有保险，都在原一平那里下的保单！

明知故问也不是瞎问，你要问那些让对方感兴趣的、引以为豪的问题。比如他辉煌的业绩、成功的经验，他目前最关心的问题以及他最感兴趣的问题等。

巧妙提问是沟通的最好武器，我们要掌握好这个武器，在沟通中就会游刃有余。

暴露缺点增加信任度

人总是把自己最光鲜的一面展示给他人，即使自己知道自己的缺点，也会尽量掩饰。但是我们同时也知道，人无完人，人人都有缺点。我们何不把真实的自己给他人看呢？其实敢于承认自己的无知和缺点，往往能给对方留下更好的印象，并增加自己的信任度。

　　一般人都有不愿让别人看出自己不足的心理，因此"不懂"两字很难说出口。其实，如果你勇敢地承认自己不知道，反而可以增加别人对你的信任，因为坦诚地说出"不懂"，会给人留下诚实的印象。此外，其勇气也是令人佩服的。敢于承认自己有不懂的人说出的话，别人就会认为一定是可信才会说，因此对他也就会更信任。

　　在交往中，将自己的缺点明白表示出来，也往往会得到别人的信任。因为一般人都是想方设法掩饰自己的缺点，所以如果有人有意暴露自己的缺点，会让别人觉得他诚实，从而对他产生信任感。

　　当然，暴露自己的缺点，最好适当透露一些无关紧要的缺点，这样不至于别人对你宣判"死刑"。

　　某家具公司有一个非常能干的员工，平时工作一丝不苟，为公司赢得了很多的客户，获得了巨大的利润。然而，他并不是一个受人喜欢的人，同事们都称他为"机器"，他不以为然。直到有一天，他听到老板与人聊天时也说他是"机器"，他困惑了。他不理解，为什么别人都那样对待他。于是，苦闷的他独自到酒吧喝得酩酊大醉。第二天，当他睡醒时，却发现自己一直睡在公司橱窗里的沙发上，路过的人们都在用异样的目光打量他。他以为老板会因此而责怪他，同事会笑话他，他甚至做好了辞职的准备。然而，老板不但没有责备他，反而对他大加赞赏，同事们也从此开始对他笑脸相迎。他不知道，他的无心之过反倒帮助了他，使他在人们心目中的形象丰满起来，变成了有血有肉的人，而不再是"机器"。

　　这种现象在心理学上被称为"犯错误效应"，也叫"白璧微瑕"效应，即小小的错误反而会使有才能者的人际吸引力提高。

　　因为一个能力非凡的人给人的感觉是不安全的、不真实的，人们对于这样的形象不是真正地接纳和喜欢，而是持有距离的敬而远之或敬而仰之。中国杂技团在国外演出也曾经出过错，然而，当地的观众并没有因为演员的一

时失误而冷嘲热讽，前去观看演出的人仍然络绎不绝。因为人们通过杂技演员的失误了解到，他们那些惊险的动作是真实的。真实，给人最深刻的印象。

前美国总统肯尼迪试图在猪湾侵入古巴，虽然这一计划惨遭失败，但是他的声望却大大提高了。肯尼迪在公众的眼中是一个过于完美，无可挑剔的人，让人感到他不是凡人，无法和他相提并论；但是当他也像常人一样犯些低级错误后，反而让人们对他产生亲近体谅的感觉，"犯错误"让他更加有亲近感了。

在通常情况下，人们喜欢有才能的人，才能的多少与被喜欢程度是成正比例关系的。但是，如果一个人的能力过强，过于突出自己，强到足以使对方感到了自己的卑微、无能和价值受损，事情就会向相反的方向发展。人首先是进行自我价值保护的，任何一个人，无论如何不可能去选择一个总是提醒自己无能和低劣的对象来喜欢。相反，一个犯小错误的能力出众者则降低了这种压力，缩小了双方的心理距离，维护了他人的自尊，因而也赢得了更多人的喜爱。

"犯错误效应"提示我们，如果你是一个强者，请不要过于"包装"自己，追求"锦上添花"；恰当地"示弱"，适度地暴露一点"瑕疵"，反而会赢得更多人的亲近和喜欢。

利用姓名赢得好感

记住一点，人最关注的是自己，当你能够记住他人的姓名，你就会使对方感到自己受到了重视，从而赢得对方的好感，记住他人的姓名，这也是成功人士常用的手段。

　　每个人都对自己的名字很重视——因为那是与每一个人的自尊心有着非同寻常的密切关系的东西——表示尊敬就可以获得他人的喜爱。

　　有许多工商界的领袖都明白，知道自己数百乃至上千个下属的名字，以便随时都能叫出他们的名字来和他们交谈，这是极其必要也是行之有效的一种策略。

　　这种策略的效力，可以从卡尔莫斯被人从国家银器公司中挖去这件事中很明显地看出来。罗伊·蔡平与霍华德·科芬一起合作，共同成立了一家汤姆斯·第脱罗汽车公司，他们决定邀请卡尔莫斯前来加盟，但是当时卡尔莫斯在国家银器公司已经有年薪 7 万美元的高收入，所以他拒绝了一切优厚条件，但是后来，当汽车公司答应以他的名字作为公司的名字，表示对他的尊敬之意时，这一条件的诱惑是如此之大，以至于他再也无法拒绝了。于是这家公司最终如愿以偿，并将该公司更名为卡尔莫斯·第托斯汽车公司，卡尔莫斯也欣然放弃了他原有的报酬丰厚的工作。

　　美国总统罗斯福就知道这种最简单、最明显、最重要的获得他人好感的方法，那就是记住他人的姓名，使他人感觉到自己很重要，因为总统都记得我。

　　罗斯福还没有被选为总统时，去参加一个盛大的宴会，当时他刚从非洲回来参加竞选，席间坐着许多他不认识的人。但这些都是有身份和地位的人，在自己的竞选过程中肯定需要他们的帮忙，如何让宴会上的这些人成为自己的好朋友呢？

　　罗斯福找到了一个他熟悉的记者，从他那里了解到这些陌生人的名字以及他们的一些情况。然后他从容地走到这些陌生人旁边，主动地叫出他们的名字，谈了一些他们感兴趣的事情，此举大获成功。那些本来就对罗斯福有敬仰之心的人，见他连自己的名字都喊的出来，顿时受宠若惊，很快就把罗斯福当成自己的亲近朋友，并成为他后来竞选时的有力支持者。

　　记住他人名字的重要性，不仅表现在政治上，在生意场上，也是十分重

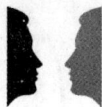

要的，美国著名的钢铁大王卡耐基就深深懂得这一点，他本人并非是钢铁方面的专家，但他却能够统帅众多的钢铁专家，这与他熟记他人的名字并灵活应用他人的名字有关。

卡耐基所统治的中央运输公司与普尔门所经营的公司都要征得联合太平洋铁路卧车经营权。为此，他们互相排挤。有一天晚上，卡耐基在圣尼古拉旅馆遇到了普尔门，他说："晚安，普尔门先生！我们两个不是在作弄自己吗？""你什么意思？"普尔门问道。于是卡耐基说出了他心中的想法——将他们双方的利益合并起来。他用鲜明的词语，叙述互相合作而非竞争的彼此利益，普尔门注意倾听，但未完全相信。最后他问道："这新公司你将叫做什么？"卡耐基立即回答："当然是普尔门皇宫卧车公司！"

普尔门的面孔发起光来，"到我房间里来！"他说："我们来详细谈谈。"那次谈话创造了实业界的奇迹。

作家雨果最热衷的莫过于有朝一日巴黎能改名为雨果市。甚至连著名的莎士比亚，也千方百计为自己的家族争取一枚象征荣誉的徽章。

能记住5万人名字并靠记住他人名字成功的吉姆在早年就发觉普通人对自己的名字最感兴趣，记住他人名字并十分容易地呼出，你便是对他有了巧妙而很有效的赞美，但是如果你忘记了或是记错了他人的名字，就会置你于极为不利的境地。

成为政治家的第一课就是："想起选举人的姓名就是从政之材，想不起来就是湮没。"

很多商界精英认为，最必要又有效的策略莫过于知道自己众多下属的名字，能够随时叫出下属的名字，并能与他们顺利交谈。

有谋略的人经常会用各种方法来表示自己对他人所重视的东西的尊敬。人最重视的就是自己，所以我们想与他人友好相处，就要重视对方，记住他的名字。

攻心话术　掌握说话的方式方法

有时候，谈话的重点会在我们轻松自在的说话中明显地表达出来；有时候，我们以平和的心态与人说话，也会留给对方深刻的印象；有时候，我们怒气冲冲地与人讲话，也能获得别人的好感；甚至有时候我们与人说话时心不在焉，却依然能够表达自己要讲的意思。

这是为什么呢？这就是因为在不同心态下用不同的说话方法，可以决定我们能否把该强调的重点充分地表达出来。

当然，一个人在与人说话的时候，始终保持一份好的心情，肯定能加深别人对他的好感；反之，说话时装模作样、自命不凡、优越感太强的人，便不会得到别人的认同，朋友也会离他越来越远。

说话应该做到条理分明，因为有关你的工作能力、教育程度、知识水平、兴趣爱好、审美追求等许多方面的情况，皆是通过你的言谈表现出来的。一个说话东拉西扯而没有层次的人，很难让人明白他究竟想要说什么。

所以，一个人说话不能掌握正确的试工方法，不能强调重点，言语没有分寸，他的社交活动肯定劳而无获，不会有什么好的结果。

任教于美国明尼苏达教育学院的罗伯·格林教授，曾请求参加研讨会的75位来宾分别写下自己焦虑不安的原因。

结果，令人焦虑不安的主要原因有：

（1）"当我还没有讲完话的时候，其他的人已开始发表自己的意见，使得我的话被打断。"

（2）"不听别人讲话，自己一味地说。"

（3）"在讨论会上，别人只想发表意见，而忽视自己的言论。"

（4）"说话时有被人轻视的感觉。"

（5）"话讲到一半，忽然被人打断。"

（6）"怕讲不明白。"

（7）"怕没讲明白。"

（8）"对方是否在认真听。"

（9）"自己讲话过于片面。"

（10）"话讲到一半便失去了兴趣。"

（11）"对方无故沉默。"

……

那么我们在人际交往中，是否也犯过上述这些毛病，是否也因此而无意伤害过别人呢？

现在，你不妨先用下面这些问题来检验一下自己。

（1）开始与别人交谈时，会希望别人快点说完吗？

（2）和不熟悉的人说话时，会觉得不知道说啥吗？

（3）与对方交谈时，你还会想其他事情吗？

（4）是否时常会有找不到话题的时候？

（5）不喜欢别人为你介绍陌生人吗？

（6）是否时常会有想不出好措辞的时候？

（7）是否常常想中断对方的谈话？

（8）即使和亲朋好友谈话，也会有没有话题的时候吗？

（9）当你讲话时，是否感觉到其他人的坐立不安？

（10）对方是否常常会中断你的谈话？

（11）与人交谈时，争执的情形多吗？

（12）你觉得用家常话会很难和别人交谈吗？

（13）是否觉得自己不会幽默？

（14）在会谈的时候，你是否会认为提前结束比较好呢？

（15）是否常常请求对方赶快说明情况？

（16）是否一讲起来就没完没了？

（17）常想教导别人吗？

（18）是否时刻在维护自己的形象？

以上这些问题，如果你有 7 个以上的回答是"是"，那么你就有必要注意说话的技巧了。掌握正确的说话方法，能使我们判断出自己的想法是否合乎情理，同时也能让别人对我们有一个正确的评价，时间一长，自然能给人们留下良好的印象。

第七章
这样说话消除交往中的敌意

换一种说法会更好

我们经常需要向别人表达一些不太好说的意思，如请求、谈判、批评等。这些话之所以不容易说出口，是因为人类具有自尊心，谁都不愿意遭到拒绝、指责和冷遇。一般人内心深处都有自高自大的想法，都认为自己应该是最好的，一旦现实与心愿不符合，不可一世的自尊就会受到挫伤，从而转变成伤悲、仇恨、鄙视、嫉妒等恶劣的情绪，并且早晚会表现出来。因此，有些话说不好，就会得罪人，为自己招来麻烦。

说话直来直去，想什么说什么，固然是一种好习惯，可有时难免遇到不便直说、不忍直说、不能直说的情景。在这种情形下，如果说了直话，可能影响到人际关系，给自己添麻烦，伤害到别人。为避免不愉快的事情发生，在某些场合说话还是要讲究一点技巧，如故意说些与本意相似或相关的事物，暗示、含蓄地表达原来直说的话。

有一头熊大肆吹嘘，说它很爱人类，因为它从不吃死人。一只狐狸不以为然，但同时它又害怕熊的大力气，于是含蓄地说："但愿你把死人撕得粉碎，而不要危害那些活着的人。"

好在语言具有多样化的特点，一样的意思可以用多样的话说出来，而斤斤计较的人听到用不同的说法讲出的同样意思，也会有不同的反应。这种情况使智慧的说话方式大有用武之地，也向我们证明：人类作为高等动物所独有的自尊心，是多么愚蠢的一种心理，因为老狐狸利用这种幼稚的心理可以把人玩弄于股掌之上。

比如，你要批评一个人所写的文章，如果直言不讳，显然会令他难堪。但是，你可以换个说法，找出他的文章中一些可取之处，先满足他的自尊心，待他兴高采烈，视你为知音的时候，再把批评化建议提出来，这样他会心悦诚服地接受你的意见，还对你很钦佩。你可以这样说："我一看开头就想看下去，我发现你一贯擅长把开头写得引人注目，勾起人的好奇心。要是结尾不是这样写，而是换一种思路，可能就更能与开头相呼应了，你说呢？"

既然没有触及到自尊心，那么他当然会冷静虚心地考虑你的意见。

说什么固然重要，但怎么说更为关键，人的情绪常常蒙蔽了人的眼睛，使他看不透语言背后的语言，而只能最浅薄地从对方的用语上来理解。

因此完全可以表面上说他爱听的话，而把真正意图隐藏在这些话里，也就是"话里有话"，让他心甘情愿地跟着你的思路走。

一位顾客进了一家地毯商店，看上了一款地毯。

顾客问道："这种地毯多少钱？"

店老板立即热情地接待了他，回答道："每平方米24元8角。"

顾客听完这句话，什么都没都说就走了。显然，他觉得价格有点高。

店老板的一位朋友在旁观察，他说："你的推销方式太陈旧了，应该换一种方式。"于是他试着以营业员的口吻说："先生，这地毯不贵。让您的卧室铺上地毯，每天1角钱就够了。"

老板大为不解，这位朋友忙解释道："假设卧室地毯需要10平方米的话，要248元；地毯寿命为5年，计1800多天，每天不就是1角多钱吗？一支

香烟钱都不到。"

老板一拍大腿，恍然大悟地说："高！你这一招一定灵。"

果然，换一种表达方式，商店的生意就好多了。

控制情绪避开锋芒

我们要做胸怀开阔，为人处世豁达而不拘小节的人。而那些目光短浅、斤斤计较，经常纠缠于一些鸡毛蒜皮的人是不能成大事、立大业的。所以，处理某些事情时，不必太计较，尤其对那些无关紧要的小事情。保持一颗平常心，以宽容豁达的心态处之，于人于己都有利无害。

明朝年间，在江苏常州，有一位姓尤的老翁开了个当铺，生意一直不错。某年年关将近，有一天尤翁忽然听见铺堂上人声嘈杂，走出来一看，原来是站柜台的伙计同一个邻居吵了起来。伙计上前对尤翁说："这人前些时典当了些东西，今天空手来取典当之物，不给就破口大骂，一点道理都不讲。"那人见了尤翁，仍然骂骂咧咧，不认情面。尤翁却笑脸相迎，好言好语地对他说："我晓得你的意思，不过是为了渡过难关。街坊邻居，区区小事，还用得着争吵吗？"于是叫伙计找出他典当的东西，共有四五件。尤翁指着棉袄说："这是过冬不可少的衣服。"又指着长袍说："这件给你拜年用。其他东西现在不急用，不如暂放这里，棉袄、长袍先拿回去穿吧！"

那人拿了两件衣服，一声不响地走了。当天夜里，他竟突然死在另一人家里。为此，死者的亲属同那人打了一年多官司，害得别人花了不少冤枉钱。

原来这个邻人欠了人家很多债无法偿还，走投无路，事先已经服毒，知道尤家殷实，想用死来敲诈一笔钱财，结果只得了两件衣服。他只好到另一家去扯皮，那家人不肯相让，结果就死在那里了。

后来，有人问尤翁："你怎么能有先见之明，向这种人低头呢？"尤翁回答说："凡是蛮横无理来挑衅的人，他一定是有所恃而来的。如果在小事上争强斗胜，那么灾祸就可能接踵而至。"人们听了这一席话，无不佩服尤翁的聪明。

面对矛盾，许多人会用强力去争斗。但如果对方比你还强，你用强，人亦用强，结果就难以预料了。实际上，低头不单是缓和矛盾，也能化解矛盾，而争斗只有在极端的情况下才能解决矛盾，而在多数情况下只能是激化矛盾。在很多事情上，头低一些，退让一步，不但自己过得去，别人也会过得去，产生矛盾的基础不复存在，矛盾自然就化解了。彼此能够相安，离祸端就远了。

早晨，一位先生在公交车上刷卡下车，人都已经下车了，他又返回车上与乘务员理论。原来，他每天坐车只需花费4块钱，但是今天却花了6块钱，他便询问乘务员原因。

乘务员连声赔礼道歉："因为今天车上人多，我以为本站的乘客都已经下车了，所以按了换站键。没想到您还没有刷卡下车。实在是对不起。"听完乘务员的解释，这位先生依然不能谅解地说："因为你的失职，才造成我多刷了2块钱。所以，你要赔偿我的损失。"乘务员又一次给这位先生道歉，但是这位先生仍然不依不饶，乘务员说："我没有2块钱，给你5块钱好吗？"此时，这位先生说道："那我可没有3块钱找给你。"乘务员说："不用找了。"就这样一场矛盾避开了。

一位老者曾说过："大街上要是有人骂我，我连头都懒得回，因为我根本就不想知道是谁在骂我。"在老者看来，时间如此短暂和宝贵，值得做的事情还有很多，根本就没有必要为了一点不愉快的事情浪费时间。

当你面对矛盾，忍不住与人争吵而树立了一个敌人的时候，你所得的将不只是一个敌人，你在精神上所受到的威胁将十倍百倍于他实际上给你的威

胁。而你用高尚的人格感动了一个敌人，使他成为你的朋友的时候，你所得到的将不只是一个朋友，你在精神上所感受的欢乐和轻松也将十倍百倍于他实际上所给你的。

我们在生活中有时会遇到恶意的指控、陷害，或者与人爆发矛盾而争吵，更经常会遇到种种不如意。若因此大动肝火，结果只会把事情搞得越来越糟。而如果能很好地控制住自己的情绪，懂得隐忍，泰然自若地面对各种刁难和不如意，在生活中就能立于不败之地。

隐藏实力，暴露弱点

遇到与自己势均力敌的对手时，处处显出自己的强悍，会增加敌人的警惕心理，很难取胜。这时，如果能够抓住敌人骄纵的弱点，示弱与他人，让敌人掉以轻心，这样反而能够取胜。

如果你想击败一个强劲的对手，你会怎么做？在他的面前表现你的强悍？当然可以，如果你有足够的信心，如果你的实力远远超过对手。

不过，有可能你刚好遇到一个势均力敌的对手，还这么做，就算不得明智之举了。正所谓"骄兵必败，哀兵必胜"，在很多时候，示弱恰恰是战胜对手的良策。

我们很多人也会有过这样的经历，如我们参加各种比赛前的心态与行动。如果知道竞争对手很强大，我们通常会忐忑不安，同时也会全力以赴，会想尽一切办法提高自己的技能。我们还会研究对手的强项，针对对手的强项，苦练自己的基本功，不惜拼命。

相反，如果竞争对手相对较弱，我们会感到轻松，也比较自信，虽然仍在继续为比赛做准备，但不知不觉中，我们有点心不在焉，没有了警惕性，没有了破釜沉舟的决心，没有了奋力一搏的拼劲。结果，在那些看起来难以取胜的比赛中，我们出乎意料地赢了；在那些看起来很容易取胜的比赛中，却莫名其妙地输了。

古今中外，有多少人，不正是因为过于轻敌，而让对方有机可乘，让自己一败涂地呢？

魏明帝时，曹爽和司马懿同执朝政。司马懿被升做太傅，其实是明升暗降，军政大权落入曹爽家族。

司马懿见此情景，便假装生病，闲居家中等待时机。

曹爽骄横专权，不可一世，唯独担心司马氏。值李胜升任青州刺史，曹爽便叫他去司马府辞行，实为探听虚实。

司马懿洞悉实情，就摘掉帽子，散开头发，拥被坐在床上，假装重病，然后请李胜入见。

李胜拜见过后，说："一向不见太傅，谁想病到这般。现在小人调做青州刺史，特来向太傅辞行。"

司马懿佯答："并州靠近北方，务必要小心啊！"

李胜说："我是往青州，不是并州。"

司马懿笑着说："你从并州来的？"

李胜大声说："是山东的青州！"

司马懿笑了起来："是青州来的？"

李胜心想："这老头儿怎么病得这般厉害？都聋了。"

"拿笔来！"李胜吩咐，并写了字给他看。

司马懿假装看了后才明白，笑着说："不想我耳朵都病聋了！"

司马懿手指指口，侍女即给他喝汤，他用口去饮，又洒了满床。司马懿对李胜说："我不行了，可我的两个孩子又不成才，望先生训导他们。如果

见了曹大将军，千万请他照顾！"说完又倒在床上，喘息起来。

李胜拜辞回去，将情况报告给曹爽。曹爽大喜，说："此老若死，我就可以放心了。"

从此，对司马懿不加防范。

李胜一走，司马懿就起身告诉两个儿子说："从此曹爽对我真的放心了，只等他出城打猎的时候，再给他点厉害让他尝尝！"

不久，曹爽护驾，陪同明帝拜谒祖先。司马懿立即召集昔日的部下，率领家将，占领了武器库，威胁太后，削除曹爽羽翼，然后又骗曹爽，说只要交出兵权，并不加害于他。等局势稳定了，司马懿就把曹爽及其党羽统统处斩，掌握了魏朝军政大权。

所以，在面对挑战时，我们尽量不要让对方知道自己的虚实，如果我们拥有十分有利的条件，更不要轻易将它显示出来。相反，我们还应以适当的方式，故意暴露"弱点"给对方，以麻痹对方，这样我们可以攻其不备，从而轻易取胜。

放低姿态三思而后言

法国哲学家罗西法古有句名言："如果你要得到仇人，就表现得比你的朋友优越吧；如果你要得到朋友，就让你的朋友表现得比你优越。"在很多时候，卑下的姿态才能消除对方的敌意，赢得认可、友谊或同情。

人不大容易改变自身条件的强弱，但却可以通过示强或者示弱的方式来为自己争取最有利的位置。

越国国君勾践被吴国夫差打败以后，勾践作为亡国之君，不得不遵从吴王夫差的条件，怀着满腔的羞愧，带着送给吴王的宫廷美女及金银财宝，带着自己的王妃虞姬，去吴国做囚徒。

勾践一心想着复国报仇，不过，他深知，要想实现自己的夙愿，除了忍之外，还要以卑微博取夫差的同情和怜悯。于是，他掩藏起自己的仇怨，养马放牧，除粪洒扫，辛勤劳作，没有一丝怨恨之色。

一日，吴王夫差登上姑苏台，远远望见勾践和夫人坐在马粪堆旁，心里便有了同情和怜悯之心。

他对太宰伯喜说："在这种穷厄的境地还能坚持，真不容易，我很敬佩他们。"

伯喜说："不但可敬，更是可怜啊！"

夫差说："太宰所言极是，我有些不忍心看了，倘使他们能够改过自新，就赦免他们，让他们回国吧！"

还有一次，勾践听说吴王夫差有病，请求探视，此时恰逢吴王要大便，勾践便说："臣在东海，曾跟医师学习过，观察人的粪便，就能知道人的病情。"

一会儿，吴王大便完毕，将桶拿到门外，勾践揭开桶盖，手取其粪，跪在地上尝了尝。左右都掩着鼻子。勾践又走到室内，跪下叩头说："囚臣敬贺大王，你的病一至三日就痊愈了。"

吴王夫差问："你怎么知道的？"

勾践说："臣听医师说，夫粪者，谷味也，顺时气则生，逆时气则死。今囚臣尝大王之粪，味苦且酸，正应春夏发生之气，所以知之。"

夫差大受感动，说："你真仁义啊！比我儿子侍候得还好。"不久，夫差就送勾践回国了，这才有了后来的灭吴之举。勾践何以赢得吴王的同情和怜悯？那就是卑下的姿态。

人生在世，不可避免地总有可能与这样或那样的人发生这样或那样的对立。发生对立的情况一般有两种：一种是对方地位高于你，你冒犯了他，让

他感觉你的大不敬，心生怒气；另一种是对方地位低于你，你高高在上，让他感觉你的优越性，心生妒忌。

无论是哪一种情况，根源就在于对方在你的面前感受不到优越性。

向对方示弱，让对方表现得比你优越，是人际关系学中很关键的学问。

对立者地位比你高，你表现出卑下的姿态，容易得到谅解、同情甚至怜悯。

对立者地位比你低，你表现出卑下的姿态，容易消除敌意，得到认可甚至赞赏。

对方产生反感时，其潜在心理就是，希望自己的优越得到认可。而一旦他发现对方比自己差时，便不再反感，甚取而代之以同情、怜悯。也就是说，当你面对一个反感你的人，不妨大胆示弱，放弃自己的优越性，让自己处于卑下的地位。这样，对方的怨气没了，反感没了，你也就被接受了，成了最后的赢家。

肯莱思说："几年前，在西班牙战争爆发之前，在华盛顿的宾夕法尼亚街上，我曾碰到过一位刚从白宫出来的著名的国会议员。他踏着大步，帽子微向左斜，他面露微笑，非常高兴地挥着手杖。

"我说：'法官大人，今天你好像特别高兴啊！'"

"他用手臂勾着我的肩膀对我说：'是的，我的朋友。刚才，我在白宫里见到了总统。他说：'老兄，你是所有人中我最信赖的人了，这次全靠你帮忙去打胜仗了。'以前，在很多事情上我都不同意他的做法，可现在，我很支持他。他还得拜托我帮忙呢。"

里奇说："大约在5年前，我认识了一位在采访大人物方面十分成功的新闻记者。他以引起大人物的同情心来达到自己的目的。他脸颊红润，长得像天使一样。于是，他总是装成一个天真的记者，在刚开始说第一句话时就显得自己特别害怕，故意去引起大人物的怜惜。事实上，虽然他只有25岁，可他已经是一个反应十分敏捷、经验丰富的老记者了。"

这一策略的关键之处就是：不强调自己是重要的，如果你想给他人留下一个对你来讲十分重要的印象，你就应该显示自己的谦卑。这样，他就会对我们及我们要做的事情产生浓厚的兴趣了。

攻心话术　这些说话小节不能忽视

人们在日常交谈中，常会犯些小毛病，有些人认为这都是生活中的小节，所以不去重视，甚至用"君子行大礼而不拘小节"来宽慰自己，而不知道就是因为这些不起眼的小节，在时刻影响着自己的说话形象，减低对方与你交谈的兴趣，甚而惹起别人的反感，所以还是小心防范，并设法加以纠正为好。

1. 咬字不清

有的人在谈话中，常常会有些字句含含糊糊，叫人听不清楚或者误解了他的意思。所以，不说则已，只要开口，就最好把一个字当做一个字，清楚准确地说出来。

2. 话有杂音

这比喜欢用多余的字句更令人不舒服，在说话的时候，加上许多没有意义的杂音。例如，一面说着话，鼻子里面一面"哼哼"地响着，或是每说一句话之前，必先清清自己的喉咙……这些杂音会使人产生一种生理上的不快之感，就像给你的精彩的语言，蒙上了一层灰尘。

3. 用字笼统

有许多人喜欢用一个字去替许多字，譬如，他在所有满意的场合，都用一个"好"字来代替。他说："这歌唱得真好？""这是一篇好文章。""这山好，水也好？""这房子很好。""这个人很好。"……其实，别人很想知道一切究竟是怎样好法。这房子是宽敞，还是设计得很别致呢？还是材料

很结实？这人是很老实呢，还是很慷慨、很喜欢帮助别人呢？单是一个"好"字，叫人有点摸不着头脑。还有这样的人，用"那个"这两个字代替几乎所有的形容词，例如："这部影片的确是很那个的。""这件事未免太那个了。""这封信叫人看了很那个的。"……这一类毛病，主要是由于头脑偷懒，不肯多费一点精神去寻找一个适当的、恰如其分的字眼。如果放任这种习惯，所说的话就容易使人觉得笼统空洞，没有内容，因而也就得不到别人适当的重视了。

4. 过于夸张

喜欢用夸张的语言去强调一件事物的特性，以引起别人的注意。但也有人无论在什么场合都采用这种说法。例如："这个意见非常重要！""这本书写得非常精彩！""这是一部非常伟大的戏剧！""这种做法是极端危险的！""这个女人简直是无法形容的美丽！"……如此这般，讲得多了，别人也就自然而然地把你所夸大的字眼都大打折扣，这就使你语言的威信大为降低了。

5. 逻辑零乱

在叙说事理的时候，最重要的是层次清晰，条理分明。所以，在交谈以前，必先在脑子里将所要讲的事物好好地整理一下，分成几个清楚明确的段落，摒除许多不大重要的细节。不然的话，说起话来就会拖拖拉拉，夹杂不清了。特别是当一个人叙述自己亲身经历的时候，更容易因为特别起劲，巴不得把所见所闻全盘托出，结果却叫人听起来非常吃力。

6. 自我卖弄

矫揉造作有多种形式的表现，有的人喜欢在交谈中加进几句英文或法文；有的人喜欢在谈话中加进几个学术性的名词；有的人喜欢把一些流行的字眼挂在口头；有的人又喜欢引用几句名言，放在并不适当的地方。这会让人觉得你在卖弄学识，故作高深，还不如自然、平实的言语更容易让人接受。

第八章
这样说话家庭和谐幸福

亲爱的，有话好好说

要维持一个家庭的融洽，家庭里就必须要有默认的宽容和谅解。因为家是世界上唯一一个隐藏人类缺点与失败，而同时也蕴藏甜蜜之爱的地方。柴米夫妻，食的是人间烟火，谁也不可能完美无缺，只要不是原则性的大问题，就不要太过较真，求全责备，而应该多体谅，多包容，这样彼此相处才会和谐，婚姻才得以延续。

谈恋爱时，男女之间往往是将自己最美好的一面展现给对方。可一旦生活在一起后，各自的缺点暴露出来，这就需要双方忍让、包容，凡事都不要较真，有话好好说。

有个女孩结婚没多久，便哭着跑回娘家，气急败坏地向父母诉说再也不能忍受自己的丈夫，因为丈夫在卫生间抽烟，烟灰总是弹在地上而从不打扫；起床后不叠被反说是为了健康；洗脸擦手摸到谁的毛巾就用，怎么说也不改……在双亲的百般劝解下，女孩仍然坚持非离婚不可。父亲想了想，拿出一张白纸和一支笔，递给女孩，要求她每想到丈夫一个缺点就在白纸上画一个黑点，于是她就不停地在白纸上画黑点。在她画完以后，父亲拿起白纸，

问她看到了什么，女孩回答："缺点啊，全都是他该死的缺点。"父亲笑着问她还看到什么，她回答："除了黑点，什么都没有看到。""你真的什么都没有看到？"在父亲一再追问下，女孩终于想到除了黑点外，还看到白纸，于是父亲问她："他是否有优点？"女孩想了很久，终于勉强地点了点头，开始叙述丈夫的优点，渐渐地，她的语气缓和了，脸色转"晴"了，最后，她破涕为笑，不再想离婚了。

绝大多数人在婚姻生活中都容易犯同上面故事中那个女孩一样的错误：只看到白纸上的黑点，而忽略了黑点旁边更大的白纸空间。由于总是想着对方的缺点，才使得自己陡生怨恨，郁郁寡欢。如果能不执着于黑点，多欣赏黑点后的白纸，就能豁然开朗，常保持愉快的好心情。

西方有句谚语："结婚前睁大你的双眼，结婚后闭上一只眼。"其实，婚姻与玉石相似，再完美我们也可以找出瑕疵。可说到底，在上帝如炬的目光审视下，我们谁敢大言不惭地说自己是"完美"的人呢？既然自己并不完美，凭什么以完美要求于自己的爱人呢？爱一个人，便意味着全身心地、无条件地接受并包容他（她）的一切，包括他（她）的坚强掩盖下的脆弱、才华表象下的平庸、勤劳反面的懒惰，以及他（她）在婚前没有被发现的种种生活恶习。

相信很多人都看过下面的这个故事："新婚之夜，丈夫对妻子说：'我这个人有很多的毛病，也缺乏自省能力，有时候做错了事也不知道，你比我有文化，要多多包涵我。'而妻子对丈夫说：'人的一生，有许多事情错了是可以改正的，有些事错了却永远不可以回头，所以，我列出 10 个我能够原谅的错误，如果你犯了这其中的任何一条，我都会原谅你。'婚后，他们的生活果然是有许多磕绊。但妻子却一次又一次地原谅了丈夫。一晃，他们已经是金婚纪念日，丈夫问出了心中长久的疑问：'当初你允诺我可以原谅的 10 个错误是什么呢？'妻子微微一笑：'我始终没有把 10 个错误具体列出来，每当你做错了事，让我伤心难过时，我马上提醒自己，还好，他犯的是我可以原谅的 10 个错误之一。'"此时，四目对望中，有微微的泪光闪动。

彼此之间都需要包容，人对新事物本来就好奇，一下子把持不住犯点小错误我们不应该用口水把对方淹没，而是应该把你的手伸过去，拉对方一把。我们每个人都需要在关键的时候拉一下别人或是被别人拉一把，有矛就出现了盾，硬碰硬是解决不了问题的，特别是夫妻之间。

少唠叨，多理解

即使你可能拥有全天下最美丽的容貌，但是如果你脾气暴躁、唠叨、挑剔、个性孤僻，那么，你最美丽的容貌便约等于零。一个女人，一旦染上唠叨的毛病，会使任何一个男人退避三舍，除非他的耳朵有问题。

一天到晚不停地唠叨，无异于自掘婚姻的坟墓。大多步入婚姻围城的男人，享受到家庭生活的温暖甜蜜，也增添了聆听妻子唠叨的烦恼。

其实，唠叨不仅是妻子向丈夫表示频繁关心、谆谆教诲的一种方法，更是妻子信任丈夫的一种表现。"心里有话不给你说给谁说？"想想也是。当妻子不再对你唠叨时，八成是另有耐心听她唠叨的人了。尤其是一些上了年岁的妻子，青春的流逝让她们倍觉伤感与无奈。同时，在生活、工作中力不从心的感觉也让她们焦躁。偏偏她们的苦恼又得不到别人的理解，只能通过不断地重复自己的观点，来吸引人们的注意，直到这种方式成为一种习惯。

拿破仑三世曾被玛丽的天姿国色弄得神魂颠倒，为了得到她的欢心，即使摘星星捞月亮也不惜其力。但终因忍受不了她从早到晚事无巨细的唠叨而与之分手。大文豪托尔斯泰的妻子也很爱唠叨。只要丈夫违反她的意志，便

不让丈夫有片刻安宁。为了不再忍受妻子唠叨的折磨，托尔斯泰在82岁高龄时，愤然远走他乡。就是在临终前，托尔斯泰还嘱咐友人别让妻子前来，好让自己清静地离开人世。

总之，唠叨是女人的天性，是婚姻生活的调味品。既然唠叨必不可少，只有恳请妻子：唠叨时多份对丈夫的理解。既然唠叨躲避不了，因而奉劝丈夫：多几分耐心，少点儿烦恼。

有一些女人，好像从来没有顺心的事，没有顺心的时候。无论何时何地，只要和她在一起，都会听到她在喋喋不休地抱怨。高兴的事被她抛在了脑后，不顺心的事总被她挂在嘴边。把自己搞得很烦躁不安，也把别人弄得心惊肉跳。

一个唠叨的女人，对整个家庭来说是噩梦。试想当疲惫的丈夫回到家里，便陷入毫无头绪的抱怨和呻吟中，这时他最想做的，就是蒙头冲出家门去。而年轻活泼的子女，更不能忍受你的唠叨，就算他们真的很爱你，但是大量的荷尔蒙会使他们作出更让你伤心的反应来。

一个女人如果要想保持可爱的形象，最重要的不是挑选化妆品，也不是购买昂贵的首饰，而是要管住自己的嘴巴。没有哪个男人会欣赏唠叨不休的女人，也没有哪个年轻人会尊重唠叨女人的意见。即使是唠叨女人自己，也一般不会喜欢另一个唠叨的女人，因为唠叨的女人一般只想到自己发言，而根本不想做一个听众。

所以我们不得不时时警醒自己，永远不要做一个唠叨的女人，因为唠叨并不能让你更受关注。如果把唠叨的时间花在其他有益的事情上，也许你可以有意外的收获。

今天你要贫嘴了吗

贫嘴会给生活增添乐趣，一个家庭，如果有一个喜欢耍贫嘴的人，那就像面条里的油盐酱醋，让家庭生活多姿多彩。当然这贫嘴的耍法也是有讲究、有方法可循的。

小美结婚快6年了，尽管她承认老公有一大堆毛病，可小美却仍然觉得他们的婚姻很甜蜜，琐碎而平淡的生活在小美看来是那么有滋有味。为什么呢？

小美的老公是个马大哈，老婆的生日、纪念日也不记得。一天，他回到家，看见桌上放着一个大蛋糕，竟不知是何缘故。小美说："哦！你忘了吗？今天是你的结婚纪念日呀！"感动之下，老公对小美耍起了贫嘴："等你的结婚纪念日到了，我也好好为你庆祝一番。"一句话，逗乐了有点生气的小美。

小美的老公还懒得要命，一下班什么事也不干，一屁股坐在沙发上一动不动地看电视，可总不忘赞美一下忙个不停的小美，说一些"老婆你辛苦了"之类的甜言蜜语；想喝水也不自己端，只会对小美说："美女老婆，我好渴，可怜可怜我，给点水喝吧。"于是小美就心甘情愿地给他递水送茶；小美穿好衣服要出门和同学朋友会面，他会上下打量一番然后装出吃醋的样子："打扮得这么漂亮干什么？又不是和我出去。给我早点回来，晚了我就去跳楼！"小美被老公逗得乐呵呵地出门，又乖乖地早点回家。

小美也会对老公耍贫嘴。小美的老公有睡懒觉的毛病，她从不打骂，而是用"你这只贪睡的小猪"的话语把他从床上喊起；老公因临时加班，回家晚了，小美就在桌上放一张纸条，上面写着："饭菜在微波炉里，啤酒在冰箱里，我在床上。"看着老婆的贫嘴留言，老公一天的劳累顿消，

满脸笑意。

现在明白了吧？正是戏谑俏皮的贫嘴，让小美可以忽略老公的一些毛病，觉得与老公的婚姻生活充满情趣。

妍妍的老公就是喜欢贫嘴，从恋爱到现在是一如既往。他在外人面前总能装出彬彬有礼的样子，可一到妍妍面前就开始"耍贫"，吐出来的肯定不会是象牙。开玩笑的时候，妍妍总说他是"道貌岸然搞两面派"，而他则会嬉皮笑脸地和她贫上一句："家有贫嘴夫，往往是一种幸福。"

当然，妍妍和他也有吵架的时候，不过都是些鸡毛蒜皮的小事。但是往往以他的贫嘴把妍妍逗得哈哈大笑，所有的不快也都烟消云散。很多人都说妍妍家到处都是笑声，而这应该归功于妍妍"贫嘴"的老公。

有人说，"男人不坏，女人不爱"，无论这话说得是否有失偏颇，但是有一点你还真否认不了，那就是听了这话的人，无论男女大部分都会心服口服，即便有一小部分不服的，也不过是心服口不服罢了。当然了，这里所说的"男人不坏"的"坏"字绝对不是什么道德品质问题，而只是男人的一种本领——"贫嘴"！

真爱离不开亲昵的情话

假如爱情是一株娇贵的花，婚姻是它的花朵，那么，情话就是爱情的肥料。无论是青年夫妇，还是老夫老妻，都要勇于抛却旧观念，经常大胆地表达你的感情，让双方知道，无论身在何方你都深深地爱着他（她）！只有这样，才能让你们的感情世界里充满更多的温馨与幸福！

恋爱时，男女花前月下，卿卿我我。但是，大部分夫妻结婚以后就绝无当初的那些甜腻腻、火辣辣的情话往来了，甚至结婚几年后，发现两个人一天在一起说的话竟然是寥寥可数的几句。

之所以会产生这样的变化，是因为有人认为，结婚数年，老夫老妻，再说些情话会让人觉得太肉麻了。还有人认为，夫妻之间，只要有爱在心里流淌，只要把爱体现在细致、体贴的关心上，情话，没必要每天挂嘴上。

这大错特错，问题是如果只有行动，没有情话，就会给人以"只有主菜，没有汤"的感觉。难怪经常听到一些妻子怏怏不乐地诉说："我那口子结了婚以后，就不会谈情说爱，我同他没啥话好说。"女人往往欣赏那些善于表达自己感情的男人。这话虽然绝对，但确实说中了许多女人的心思！

反之，为了家庭事业忍辱负重的男人们也绝不会拒绝每一句含情带意的情话！哪怕是矫情和肉麻的，对于平淡的婚姻也是一剂不错的调味品。

清晨，妻子上班前端坐在镜子前认真地化妆，丈夫走上前去，从身后搂着她的腰，在她的脸上响亮地亲一口，然后补上一句情话："宝贝，你真美！"——可以想象，此时的妻子，她的心里不像灌了蜜似的香甜，那才叫怪呢！

同样的，丈夫在外忙活了一天，傍晚的时候，他拖着一副疲惫的身子迈进了家门，这时，做妻子的为他沏上一杯热茶，送去一个甜甜的吻。然后，一边为他揉揉肩膀，一边顺口就把"情话"说了出来："亲爱的，我爱你！"此时，他的疲劳早已被抛到九霄云外，面庞也会立即被幸福的满足感浸润得热辣辣、红扑扑的，他可能会略带几分陶醉地回复你说："亲爱的，我也爱你！"瞧嘿，这整个晚上，你们就会生活在甜蜜的幸福中了。你想想，这情话怎么会是多余的呢？

特别是当夫妻步入中年后，当初炽热的情感日渐冷却，火辣辣的情话日渐减少，甚至全无情话，只剩下干巴巴的实话，日久便让"围城"内的一些人感到了婚姻的无趣，从而开始寻找"围城"外的"情趣"，于是就出现了

情人，你可以在他（她）面前说任何话，哪怕常人听来最俗不可耐的话到那时都是最动听的，胜过无数名言妙曲。

就这样，他们在绵绵情话中度过了每一个幸福的春夏秋冬……

当向自己的另一半说情话时也要真诚，只有发自内心地对他（她）说出爱，才能打动他（她）的心。另外，如果仅仅嘴甜，光玩"嘴皮子"而没有实际行动也会适得其反。在生活中，夫妻之间还要互相尊重、互相照顾、互相扶持。毕竟，风花雪月虽然迷人，可是，仅有风花雪月的爱情和婚姻，就像空中楼阁。生活的柴米油盐，就是给这个楼阁建一个坚固的地基，让爱情和婚姻的大厦变得稳固，坚不可摧！

他开始很晚回家。虽然妻子每天仍旧坚持等丈夫回来，但她等不到他的热吻，这种爱的仪式已经被他忽略了，被他一同忽略的还有妻子对他的爱，对他每天的嘘寒问暖。他开始不愿意亲近她，即使回到家，也只顾躺在沙发上看电视，或者默默地吸烟，或者倒头便呼呼大睡，他的心开始向她关闭。

妻子不知丈夫因何改变，她体谅丈夫的辛苦，有时甚至认为丈夫也许是工作太累。丈夫回到家向她提出离婚，他的理由是：他已经厌倦了这样平淡的生活，他想重新去生活。

妻子默默地听完后，答应了丈夫的要求，只向丈夫提出一个请求：一个月后再来正式谈离婚，这一个月里，他必须每天坚持早回家，并且回家后，给她一个热吻——这是她答应离婚的唯一条件。

丈夫看了妻子一眼，不解地问："有必要吗？"

妻子认真地回答说："我提出了这个要求，就证明十分有必要。你发出了这个疑问，就证明更有必要。"

丈夫于是答应了。于是，在接下来的一个月里，丈夫每天都坚持早回家，给妻子一个热吻。起初，他还有些不适应，因为好久好久，他都没有吻过妻子了，所以去完成这个"任务"时，他甚至有些躲闪。但是当妻子闭上眼，那种熟悉的感觉便一点点地回来了，他想起了他们的初恋，那时，当他亲吻她时，她也总是习惯性地闭上她那双大眼睛，他甚至吻到了妻子眼中溢出的泪水，这泪水让他心疼他的妻子，他们随意了许多，妻子轻巧地靠在丈夫身上，他能闻到她清新的衣香，不经意间竟发现妻子眼角已有皱纹，想起妻子为家的付出他想落泪了。他发现他还是爱她的，只是，这种爱被风尘岁月中的忙碌和自以为是所掩盖了，现在，当心境变得澄明而清澈时，这种爱便云开雾散，不可阻挡。

一个月的时间过得很快，最后一天，丈夫早早地回到家。平时从不下厨的他做好了一桌饭菜。妻子回来时，他上前拥抱她，亲吻她，然后在她的耳边轻轻地说："我要每天吻你，一直到老！"

顿时，妻子的眼睛里溢满了深情的泪水……

夫妻间亲昵的举动能增进双方感情，满足双方的精神需求。反之，夫妻间一旦缺少了亲昵的举动，容易产生"皮肤饥饿"，进而产生感情隔阂，终会使双方关系变得极为冷漠、疏远。

正因为此，感情外露的西方人勇于、也善于在众多场合上用亲昵的举动来表达自己美好的情感，没有谁觉得有什么不合适的，相反地给人以一种美感、亲和感、幸福感、快活感！例如，夫妻出门前拥抱、接吻；丈夫回来迟了，赶快拍拍忙碌的妻子的"马屁"，或张开双双臂，说"宝贝，我回来了"。于是他在厨房准备晚饭的妻子，连围裙也没有来得及解，便飞奔而出，他们深情而热烈地亲吻、相拥，等等。

如果要想让你的婚姻也充满了这样的柔情蜜意，那么不妨从今天开始，对爱人多点亲昵的举动吧，让心中的爱也能透过肢体的亲昵呈现出来，在艰涩和不习惯后，你将会渐渐地习以为常，你的婚姻也将会更加幸福甜蜜，充满激情。

良好的沟通是通向幸福的桥梁

婚姻是一场长久的谈话，是双方永无止境地倾诉心声。沟通是人们的精神需求和心理需要，也是夫妻感情的润滑剂，能够宣泄和化解分歧、消除代沟、拉近情感。

丈夫在工作中遇到一些挫折，希望回到家里能够倾诉一番；老婆劳累了一天，也希望在丈夫面前摆个功，如果能够及时沟通，夫妻之间的感情自然会越来越近，越来越深。

然而，也有不少夫妻平时各忙各的工作，或者一方特别忙，导致双方的沟通时间越来越少，打个电话也是三言两语，日子一久，彼此之间就提不起说话的兴趣，共同话题也逐渐减少了。于是，曾经无话不谈、亲密无间的夫妻变得越来越"沉默"，越来越疏远，而一旦夫妻之间出现芥蒂时，也经常能听到"有什么好说的"之类的埋怨，这正是缺乏沟通所致。

萌萌和她的丈夫都有着强烈的事业心，正因如此，两人才会彼此倾慕并最终走到了一起。婚后，两人的日子过得倒也挺快乐的。

后来他们有了孩子，丈夫在单位也忙起来，经常是顶着星星走，踏着月光回。萌萌需要把孩子送到外婆家，下班再把孩子接回来，也是天不亮就走天黑了才回到家。回到家后，两人又要买菜做饭洗涮。等一切收拾好，也早已精疲力竭了，连话都懒得多说。常是他要求她"温柔"，她就抱怨；她希望他"体贴"，他却发火说："我在外拼命挣钱还不都是为了你们娘儿俩？回家来当然应该让我休息放松看看电视。"三句话不投机，要么引发一场争吵，弄得鸡飞狗跳孩子叫，要么冷着脸好几天互不理睬，心情压抑烦躁，日子久了，大大影响了夫妻感情。

好在夫妻俩很快意识到了他们之间潜伏的危机，于是便约定：每月抽出一天，每个月的最后一个星期六定为固定"沟通日"。届时坚决把所有杂事抛到一边，把孩子寄送到外婆家，而后夫妻俩就骑车来到恋爱时常来的公园边，或沟通交谈家事，安排下个月生活，或毫不遮掩地数落批评对方，或脸红脖子粗地痛痛快快吵上一架（反正在这儿吵架邻居同事听不见）吵完之后彼此都感觉轻松，如同夏天暴风雨之后天空特别纯净美丽一样，接着说不定两人还会像过去热恋时那样躲到树丛后面悄悄亲热一番。几个月后，通过每月一次透彻沟通之后，心中不满情绪得到定期释放发泄，夫妻俩平时反而不争吵了，家务活分着干，疼孩子敬老人，和和美美的让人好不羡慕！

的确，走进婚姻生活以后，一方面，夫妻双方忙工作、忙家庭，沟通的工夫就慢慢荒废了，彼此间的话越来越少了。有人可能会说，现在的人都很忙，哪有时间卿卿我我？但从另一方面讲，正由于太忙太累，夫妻之间才更需要多多沟通。一来在平和的气氛中，夫妻俩缓缓道来，细细说去，有利于调节神经，消除疲劳；二来即便夫妻俩有了裂缝或分歧，如能坐下来好好聊聊，总比各自在心底抱怨"其实你不懂我的心"要好得多。

当然，夫妻之间的沟通不是一件简单的事情，也需要掌握一定的技巧，有一点，就是沟通要心平气和地进行，而不是义愤填膺地指责对方的不是，要知道任何事情，都是可以心平气和地解决的。

攻心话术　女性隐晦语言大总结

语言是女人的主要表达形式，她们习惯于通过语言来表达她们的思想以及情感，而且她们常常会将思考的过程也用语言表达出来。女人喜欢将所有的选择和可能性全部罗列出来，然后一边分析一边选择，最后再决定自己究竟该怎样做。她们不讲逻辑，也不讲次序，因为这些对她们来说并不重要。

当女人颠三倒四地说出很多事情，并提及所有的选择和可能性的时候，那很可能就是她们在用嘴大声地"思考"问题。

下面试着对女性一些隐晦的语言略作解读。

没有人关心我——当女人说这句话的时候，男人一般会错误地理解为："我对你感到很失望！你什么时候关心过我，体会过我的感受？我感受不到你的爱，我那么在乎你，而你却对我视而不见！"

其实，她想要表达的意思是："你对我太冷淡了，眼里好像根本没我这个人。我知道你最近工作很忙，非常辛苦，我能够理解。可是有时候，你心里只有工作，对你来说，我似乎无关紧要，你很少想到我的感受。亲爱的，我需要你的关心，抱抱我好吗？让我知道你是爱我的。"

没有人听我说话——听到这句话，男人马上会产生误解，他以为女人真的只是想让别人听到她说话，马上会说："简直是胡说！我一直在听你说话，甚至还可以把你刚才说的话再重复一遍！"

其实，女人的意思是："没有人理解我的心情，没有人关心我的感受，我不喜欢你那漫不经心的样子！你为什么不好好听我说话？你根本不关心我的想法和心情！我的话你也许不爱听，但是我必须一吐为快！"

房间总是乱糟糟的——当女人说这句话的时候，男人一般会误解为："你总是把房间弄得乱糟糟的，每次都得由我来收拾。我刚刚收拾好了，你就又把它弄乱！你真是个邋遢鬼，没法跟你过日子！要么把房间打扫干净，要么离开家门！"

其实，女人虽然在抱怨，但是并没有其他的意思。她的意思可能是说："我今天很累了，真想好好休息一会儿，可是没想到房间这么乱，还需要收拾。真希望你能帮我收拾一下！"

我们必须谈谈——当女人这样说的时候，表示她遇到问题了，或者她认为你们之间的关系出现问题了，她自己已经在心里纠结了很久，终于下决心把问题弄清楚。当然了，女人的目的并不在于解决问题，而是发泄情绪。

我们要——当女人说"我们要"的时候，她要表达的意思是"我想要"。这是一种委婉的说法。女人喜欢和别人在一起的感觉，关心别人的感受，她不想让别人感到她只顾自己的感觉，所以女人很少直接说出自己的需要。

很抱歉——如果女人说"很抱歉"，表示她感到委屈，觉得对方不理解自己，她认为对方应该说"对不起"。

我很好——当女人说"我很好"的时候，意思是"糟透了"。她只是不想和你说话，不想让你了解她的情况。也许你的行为让她感到伤心，也许她认为你不够关心她。

我不难过——如果女人强调自己不难过，她的意思是："我当然很难过，如果你爱我，就应该知道我不好受。"当女人难过的时候如果没有得到足够的关心，那她会感到更加难过。

这是你自己的决定——这句话的潜台词是："你应该听听我的意见，你作出这样的决定，一切后果都自己承担吧。"

你爱我吗？——当女人对男人有事相求的时候，常常会先来这么一句，意思是："既然你爱我，就满足我的要求吧！"

你有多爱我？——当女人这样说的时候，表示她做了什么不该做的事，需要得到你的原谅。

你必须学会交流——女人说这句话的真正的意思是"听我的好了"。

把灯关掉——女人说这句话的意思是"我不想让你看到我臃肿的身材"。

没事——当男人感觉到女人不对劲儿，就会问她发生什么事了，如果女人回答"没事"，其实就是"有事"，而且她感到非常郁闷。这个时候不管男人愿不愿意听她诉说，她都会找个话题开始唠叨。如果男人不能给她理解和支持，那么就会引发一场争吵。

好（好吧）——当女人说"好"的时候，男人不要得意，表面上她作出

了妥协，实际上她认为自己是对的，只是不想再吵下去了。她开始考虑如何对你的错误行为进行惩罚，当她的计划成熟之后，你就大难临头了。女人说"好"，通常意味着她不想理你了，冷战即将开始。

5分钟——女人没有时间观念，如果她们让你等5分钟，一般情况下你得等半个小时。

接着说——当女人感到不耐烦的时候，她们会这样说。虽然她让你"接着说"，其实她对你所说的内容已经不感兴趣了，意思是"我放弃了""你想怎样就怎样吧"。

如果女人在说"接着说"的时候皱着眉头，则带有挑衅的意味。最后会以"好"结束谈话。

哦？——如果你陈述某件事之后，她说"哦？是这样吗"，那么说明她认为你在撒谎。如果你为自己辩解，她可能会让你"接着说"，最后以"好"结束谈话。

真的？——表面上好像是她在质疑你的话，其实当她这样反问的时候，表示她根本不相信你所说的。如果你试图解释，她表示愿意听，但是她还是不相信你所说的。

大声叹气——当女人大声叹气的时候，表示她对你表示厌烦了，她觉得你无法给她想要的东西，她认为跟你在一起是浪费时间，已经懒得跟你吵架了。

请你……——当女人对你很客气的时候，你就要当心了。这是她对你失去耐心的表现，她在给你最后一次机会让你为自己的所作所为作出解释或寻找借口。如果你不说出实情，她就会说："哦？真的"然后皱着眉头让你"接着说"，最后以大声叹气结束。

非常感谢——当女人对你表示感谢的时候，也不是什么好事。这说明你已经在不知不觉中伤害了她，她对你彻底厌烦了。"非常感谢"也是冷战的征兆，随后她会大声叹气，这个时候别问她"怎么了"，因为她通常会说"没事"。

一般情况下，可以这样理解：

不行 = 行

行 = 不行

也许 = 不行

你应该学会如何交流 = 你一定得同意我的观点

对不起 = 是你对不起我

你爱我有多深 = 这样你就不能对我发火了

我们需要 ×× = 给我买 ××

这个得由你来决定 = 我已经决定了，照着办吧

随便，我才不会管你 = 你敢

我们应该谈谈 = 听我发牢骚

算了，接着做你的事吧 = 不许做

你很有男人味儿 = 快去刮胡子，快去洗澡

关上灯会更浪漫一些 = 我比较难看

这厨房不大好用 = 我要新房子

换一副新窗帘吧 = 换窗帘、地毯、墙纸、家具……

你爱我吗 = 做好心理准备，我要买个大件

还要一两分钟就好 = 你最好去看一个小时的电视

女人常常指望男人能够理解她们所表达的意思，但是这对男人来说太难了。男人听不懂女人的言外之意，他们需要直接、明确的回答，他们不明白女人为什么要拐弯抹角地说话。要想了解女人隐晦语言背后要表达的意思，除了上面介绍的一些常用语之外，还需要在日常生活中总结经验。

第九章
这样说话孩子才会听

每天夸孩子一句并不难

许多家长和幼儿教师都知道：如果今天夸孩子的手干净，第二天他的手会更干净；如果今天夸他的字比昨天写得好了，明天他的字准写得更工整；如果今天夸他讲礼貌了，明天他也会更注重礼貌……孩子其实很聪明，在受到大人的夸奖时，他不仅心情愉悦，而且懂得了什么是对的，什么是错的；什么是大人提倡的，什么是大人反对的。这样，比家长直接对他说应该做什么、不应该做什么，效果要好得多。

美国心理学家为了研究母亲对人一生的影响，在全美选出 50 位成功人士和 50 名有犯罪记录者，分别给他们去信，请他们谈谈母亲对自己的影响。其中有两封来信说的都是同一件事——分苹果，读来颇耐人寻味。

一封信是一个在监狱服刑的犯人写的：小时候，有一天妈妈拿来几个苹果，大小不同，我非常想要那个又红又大的苹果。妈妈听了，瞪了我一眼，责备地说："好孩子要学会把好东西让给别人，不要总想着自己。"于是，我灵机一动，改口说："妈妈，我想要那个最小的，把最大的留给弟弟吧。"妈妈听了非常高兴，把那个又红又大的苹果奖励给了我。从此，我学会了说谎。

另一封信是一位来自白宫的著名人士写的：小时候，有一天妈妈拿出几个苹果，大小不同。我和弟弟都争着要大的。妈妈把那个最红最大的苹果举在手中，对我们说："这个最大最红的最好吃，谁都想得到它。很好，现在让我们来进行一个比赛，谁干得最快最好，谁就有权得到它。"我们三人比赛除草，结果我赢得了那个最大的苹果，妈妈还夸奖了我一番。我非常感谢母亲，她让我明白了付出与收获成正比。

同样是分苹果，却带来两种截然相反的结果——一个孩子学会了说谎，另一个孩子却从中懂得了一个令其终生受益的道理。正如马卡连柯所言：生活中的每一件小事，每一次随便的闲聊，每一个平常的举止，每一个不经意的眼神——在父母的不知不觉中，都可能对孩子产生重要的影响。教育其实存在于构成孩子生活环境的方方面面。孩子若生活在批评中，便会学会谴责；孩子若生活在接纳中，便会学会仁爱；孩子若生活在分享中，便会学会慷慨；孩子若生活在公平中，便会知道正义；孩子若生活在诚实中，便会懂得什么是真理。

教育孩子，常常就在生活的点点滴滴之中。

每天夸孩子一句，重要吗？日本的一项研究表明，经常受到家长夸奖和很少受到家长夸奖的孩子，前者成才率比后者高五倍！

每天夸孩子一句并不难，但夸奖到位却不是一件易事。首先，要夸得准，如果夸得不准，孩子就会感到是受了欺骗，起不到激励作用。其次，如果夸错了，那反而会引起不良的后果。孩子会把错的当成对的，即使以后你想更改过来都很难，因为他心中的是非标准会因你的错夸而混淆了。因此，家长要时刻关注孩子每一点细微的进步、每一个小小的闪光点，及时给予夸奖和鼓励，让孩子产生成就感和自豪感，促使孩子不断进步。

父母怎样做才能使表扬更有效呢？希望下面的建议能给父母们带来一些启发和参考。

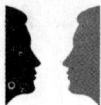

1. 表扬要具体

对于孩子来说，表扬不能太笼统、模糊，不能简单地用"你真是一个好孩子""你真棒"这样的一般赞语，而应对孩子的优点和进步的具体细节给予肯定，使孩子明白"好"在哪里。对孩子的表扬越具体，孩子越容易明白哪些是好的行为，越容易找准努力的方向。例如，孩子看完书后，自己把书放回原处，摆放整齐。如果这时家长只是说："你今天表现得不错。"表扬的效果就会大打折扣，因为孩子不明白"不错"指什么。你不妨说："你自己把书收拾这么整齐，我真高兴！"一些泛泛的表扬，如"你真聪明""你真棒"虽然暂时能提高孩子的自信心，但孩子不明白自己好在哪里，为什么受表扬，且容易形成骄傲、听不得半点批评的不良性格。

2. 表扬的方式要变化

新颖的刺激、多变的刺激，容易唤起人们的注意，容易激发人们的动机；而不变化的刺激、千篇一律的刺激不容易引起人们的注意。父母使用单一的、不变的、重复的语言去表扬孩子，孩子听着无味道，司空见惯不以为然，激发不了孩子良好的动机，时间一长，根本起不到激励孩子的作用，有时甚至会引起孩子的厌烦。

3. 表扬要看见过程

表扬不仅要看结果，还要看见过程。父母应该引导孩子重视努力的过程而不是成功的结果，激励孩子坚持不懈地努力争取，即便失败了，奋斗的经历对孩子来说也是一种财富。例如，孩子想"自己的事自己干"，吃完饭后，自己去刷碗，不小心把碗打破了，这时家长不分青红皂白一顿批评，孩子也许就不敢尝试自己做事了。如果家长冷静下来说："你想自己做事很好，但厨房路滑，要小心！"孩子的心情就放松了，不仅更喜欢自己的事自己做，还会非常乐意帮家长干其他家务。因此，即使孩子做得不好，只要孩子是"好心"就要表扬，帮他分析造成"坏事"的原因，告诉他如何改进，这样会收到较好的效果。

4. 表扬要视情况而定

为了培养孩子的一些好习惯，父母一旦发现孩子有进步了，就一定要瞅准时机，着力表扬。慢慢地，等孩子在父母的表扬声中养成了习惯时，则需要减少表扬的次数，而且表扬的间隔时间要长一些，直到孩子取得了相当大的进步或成绩时，再对其给予表扬。只有把握好了这样的节奏，才能更有效地发挥表扬的作用。

5. 表扬要把握好时机和分寸

对孩子的表扬并非是多多益善，表扬也像服药一样，不能随便乱用，它也有使用的禁忌规则。所以，父母对孩子的表扬一定要适度，一定要掌握好"火候"，把握好轻重。

不要只盯着孩子的缺点

面对有缺点的孩子，父母不仅要安慰孩子、鼓励孩子，帮助孩子树立信心，更要注意发现和培养孩子的优点和长处，帮助孩子扬起生活的风帆。

有一个叫王静的孩子，已经上幼儿园了，她最不喜欢上的课是手工课，因为她总是不能顺利地做好老师教的内容，她的手不像其他孩子的手那样灵巧。为此，她非常苦恼，回家问妈妈，妈妈对她说："每个人的能力是不一样的，你可能不如别人手巧，可是你也有很多他们没有的优点。再说了，妈妈小时候还不如你呢，你看我现在不是什么都会做吗？"

妈妈的话让王静信心大增："对啊，我虽然不如别人手巧，但是我能唱出好听的歌曲，还会给其他孩子讲故事呢。"

上小学后，王静开始讨厌体育课。因为很多体育项目她都做不好，她不如其他孩子跑得快，不如其他孩子跳得高，甚至连一些简单的动作都不能顺利地完成。为此，体育老师也经常说她"笨"。看着别的同学在操场上快乐地跑着、跳着，她只能伤心地掉眼泪。

她去找爸爸诉苦，爸爸把王静揽在怀里，心疼地对她说："不是你笨，是爸爸不好，把这个缺点遗传给了你，我小时候还不如你做得好呢，不信你看……"爸爸说着，非常笨拙地在地上做了一个前滚翻的动作。看着爸爸笨笨的样子，王静不禁笑了起来，原来这么优秀的爸爸都有缺点啊。

"金无足赤，人无完人"。美玉也有瑕疵，孩子有缺点不可怕。每个孩子的能力都是不同的，他们总会在一些方面有不足甚至有缺陷。这时候，如果连父母都看不起他们，甚至嘲笑他们，那孩子会更加自卑，甚至自暴自弃，从而毁了孩子的一生。

孩子的可塑性是很强的。可以说，不论孩子有什么样的缺点和不足，都是可以纠正过来的。

怎么样才能发现孩子的缺点，帮他改正呢？

1. 对于天生的"缺点"要"悦纳"

要了解的一点是，孩子生来就是不同的，孩子的某些缺点可能就是他的个性所致，这不完全是他自己能够控制的。所以，父母不能以"孩子不应该这样"的想法来教育孩子，而是要同情孩子的缺点，这不是他的错，虽然需要改正，但如果孩子改正了，他比没有缺点的孩子付出了更多的努力，事实上比别的孩子经历更丰富，也更优秀。

父母之所以不接受这样的观点，主要是父母以大人的标准来判断问题，这对孩子是不公平的。

父母只有接受孩子的缺点，同情孩子的缺点，才能心平气和地帮助孩子纠正缺点。可以说，在教育孩子的问题上，心态决定着一切。

2. 别相信"棍棒下出孝子"

让孩子出色是父母的最大心愿，然而，父母教育孩子的错误观念以及由此导致的错误家教方法，不仅不能纠正孩子的缺点，反而会影响孩子的健康成长。一味抱着批评和指责，认为棍棒下出才子的想法，并企图用这种压力迫使孩子改正缺点、错误也是不对的。这种做法，往往会使孩子越来越没有信心，只会使情况越来越差。

孩子总会渐渐长大的，特别是进入青春期的孩子，他们的逆反心理会越来越明显，故意不听话，甚至与父母对着干的情况时有发生。如果将这种情况出现的原因单纯归为孩子的缺点，显然不太科学。对此，父母究竟应该怎么办？不少父母采取强制孩子服从的办法，坚决不允许孩子的不顺从行为，这是很不恰当的。强制服从，即使孩子表面上屈服了，但他们的心里是不服的。不满情绪压抑久了，总有一天要爆发。到那时酿成大错，后悔就晚了。

错误的方法只能得到错误的结果，因此每一位父母在抱着教育孩子改正缺点、发扬光大优点的美好愿望的同时，千万不要一厢情愿，不讲科学性地采取一些错误的方法来教育孩子。

所以，父母要悦纳孩子的缺点，唯有如此，才能让孩子更好地改掉缺点，养成更多的优点。

孩子需要大人的赏识

现在许多家长教育孩子的心理有些错位，不是用赏识的目光去看待孩子的优点，而是用挑剔的眼光找孩子的毛病。最可怕的是用别人家孩子的长处，去比较自己的孩子的短处，越比较越觉得自己的孩子不如别人家的孩子。

其实，你的孩子就是你的孩子，没必要总去和别人家的孩子比，只要你的孩子今天比昨天有进步，你就应该祝贺他，这就是父母对自己孩子的赏识。

盲目的比较，会产生许多不良后果，使你的孩子失去自信。孩子会错误地认为，他的"灾难"是他的伙伴带来的，他不但不会产生向伙伴学习的愿望，反而会结下仇恨，在他今后的生活中，将拒绝向别人学习。

1. 孩子心中的父母形象

几年前，上海"母亲素质大调查"调研活动曾遇到这样的情况：一边是母亲盼子成才的沉甸甸的爱，一边却是孩子对这份母爱的排斥和抗拒。

这个以近千名学生为对象的调查，结果令母亲们大吃一惊。一方面，认为母亲缺乏魅力、语言粗俗、思想平庸的占 31.5%；认为母亲要加强学习、提高自身修养的占 75.8%；希望母亲改变教育方式，和他们多交朋友的占 80.2%；要求母亲尊重个人爱好，给予独立成长空间的占 80.2%；而另一方面，仅有 3.7% 的学生能接受母亲现行的教育方式，认为母亲能令自己敬佩、仰慕的仅占接受调查者总数的 7%。

从调查中可以看出，孩子们心目中理想的母亲形象，远远超过传统的"慈母形象"。他们理想的"现代母亲"可以概括为五个一点：懂一点电脑，化一点淡妆，少一点说教，露出一点微笑，多给一点空间，有气质，爱学习，像个朋友一样。

孩子们的要求并不过分。时代在变，孩子在变，孩子衡量父母的尺子也在变。

2. 肯定孩子的成绩

责骂，在父母看来是平常的小事，但是对于孩子来说，父母责骂不休，便是自己的"世界末日"。孩子的成长需要肯定，肯定是孩子生命中的阳光。

许多父母总是认为，严格要求就要靠责骂，只有这样，孩子才能进步，其实不然。两位心理学家曾经作过一次心理测验：把孩子分成 A、B 两个组，分别让他们回答同样的问题。过了 3 天，再度去那所学校，告诉 A 组的同学说："你们上次成绩很差！怎么行呢？这次必须反败为胜才行！"

结果，原本成绩相当的两组，得到肯定和夸奖的一组，第二次测试成绩很好；受到责怪后再考的那一组，成绩仍不理想。

有的父母虽然明白了"责骂孩子不好，肯定和夸奖才会使孩子变得更好"的道理，可是自己却做不到。眼看孩子不用功学习，甚至捣乱，不骂他反而夸他，这的确很难做到，此刻最重要的是，必须充分地理解孩子，相信孩子。

3. 别对孩子说"你不行"

有的孩子常常说"我不行"。这种意识有两个来源：一是源于自我，叫做自我意识；二是源于他人，叫做外来意识。有些家长总觉得自己的孩子不行。一位男生说："我想学游泳，我妈妈说，你不行，你从小体弱，下水会淹着的！我想学炒菜，我妈妈又说，你不行，会烫着手的！我想学骑车，我妈妈说，你不行，会摔着的……不行，不行，我什么时候才能行？"

这位妈妈看上去是十分爱护孩子，实际上是在害孩子。要是老对孩子说"你不行"，慢慢地，孩子就会觉得自己真的什么都不行了。

"我不行"在孩子的头脑中一旦扎下了根，孩子就会变得对做任何事都没有信心，会觉得离开了父母和老师寸步难行。

所以，首先只有父母相信孩子能行，孩子才能觉得自己"我能行"。

在学校，孩子会参加各种比赛，之前家长要鼓励他："爸爸妈妈相信你一定能行！"如果孩子输了，哪怕是最后一名，家长也要鼓励他说："敢去参加比赛就是好样的！"让孩子赢得起，也输得起，帮助孩子提高承受挫折的能力。

一个人的潜能是相当大的。美国一位数学家认为：人的大脑神经元总数在 100 亿~140 亿之间，因此人一生中大脑可记忆的信息量，相当于世界上最大的图书馆——美国国会图书馆藏书容量的 3 ~ 4 倍，而这家图书馆的藏

书是2 000万册。所以，孩子的学习成绩一时上不去，我们做爸爸妈妈原不必太急躁，要耐心启发，只要你相信孩子能行，他就一定能行。

听孩子说，解开他的心结

定期地给孩子"专门时间"倾诉，意味着父母开始尊重孩子的判断力，开始倾听他急于摆脱的紧张及其他感受。一开始，"倾听"几乎对于所有的父母都非常困难，因为他们现在学着要给予孩子们的关怀与"倾听"，他们自己都不曾享受过。在这陌生的领域中，父母们会感到不舒服，但是孩子的反应就是他们的向导。每一次耐心地倾听孩子们的倾诉，每一次充满探索或笑声的"专门时间"，都会说明：父母寻求的与孩子之间的爱和信任正在得到加强。

场景一："妈妈，我没有某某漂亮和优秀，也没有某某讨人喜爱，你是不是很失望？"孩子感到自卑。妈妈看着孩子的眼睛，抚摸着孩子的头告诉孩子："孩子，你和她一样优秀！能看到别人的优点，这就是你最大的长处，我喜欢你做我的女儿，也因此感谢老天的恩赐。"

场景二："我早晨到校晚了，没有做好值日，老师罚我值日一个星期。老师就知道罚，真烦人。"孩子怨气很大。父亲这样安慰孩子："为了做好班级工作，老师奖罚分明，学生应该理解。在班级里，每一个学生都应当承担一份工作，并把它做好，这是应尽的义务。老师罚你做值日，也不是一件坏事情，可以增强你的责任意识，对你今后的成长很有益。"听了父亲的话，孩子的怨气消去了大半。

场景三："我们班调皮孩子多，纪律涣散，老师让我当班干部，我才不愿意费力不讨好呢。"孩子对老师安排的工作有抵触情绪。母亲这样开导孩子："这可是老师对你的信任呀，老师这样信任你，说明你有能力做老师的小帮手，我看你不应该失去这次锻炼机会，更不应该让老师失望，妈妈相信你能挑起这副重担。试试吧，你一定会干得很出色的。"妈妈这样一番话，既告诉孩子要尊重老师，又告诉孩子要有热爱班集体的品质，要有敢于承担责任的勇气。

父母和孩子双方都在寻求这样的友谊，它能够提供足够的安全感使我们在表达思想的同时也流露出感情。与我们关系最密切的人通常是这样的人：他们对我们的爱能使我们表现自己的感情，而不是相反。孩子是很容易表现自己内心世界的：沮丧时会发脾气，害怕时会出汗和发抖，伤心时会大哭。能得到父母倾听的孩子在幼年时会常常哭泣和发脾气，这些都属于消除紧张与困惑情绪的自然过程。孩子的恐惧和悲伤就好比他们身上多余的负担，会影响孩子的注意力。如果孩子能充分地显露并甩掉它们，就能重新恢复他们那有爱心、有信心的与人合作的本性。

允许孩子表露情绪，直到他平静下来，对孩子是很有益的。

但是，通常我们对待孩子的情绪流露的典型反应是"采取措施"助他恢复平静。之所以这样是因为我们成年人非常担心孩子会变得没有理性，会带着偏见地观察事物。事实是，当有人给予他们起码的关心、肯定和尊重时，孩子的情绪流露肯定会改善其观察力和自信心。

孩子开始哭或发脾气时，很重要的一点是父母要持续和蔼地倾听，亲切地留在孩子身边，温和地抚摩或搂住他，讲几句关心的话，但不要多。例如，"再多告诉我一些""我爱你""发生这样的事我很难过"等。假如你在此时说话说得太多，就会在这种"交流"中凌驾于孩子之上，不能倾听孩子的话。如果你能听听孩子的想法，而不是企图"纠正"他，那么孩子会深深地感受到你的关心。孩子把自己的情绪通过发火或哭喊发泄出来后，会重新注

意你和他周围的情况，而且一般说来，他会感到轻松和精神焕发。跟随着孩子的浅笑或哈欠而来的暴风骤雨似的哭泣，常常预示着孩子正在重新调整自己的意识。

当孩子感到紧张或孤独时，他可能"制造"一个情况，以使父母不得不对他的行为给予限制。一旦父母制订出了合理的限制，孩子就会乘机哭闹发脾气，从而消除他感受到的紧张。假如此时父母能给孩子几句使他安心的话并耐心倾听他的诉说，他就能摆脱恶劣的心境，变得情绪放松、明白事理、接受父母制订的限制。不过，如果孩子身上已积累了大量的不安、愤怒或不信任感，那么他就得经过若干场哭闹才能消除掉足够多的情绪积累，从而意识到父母是爱他的。

许多父母发现，倾听孩子哭泣或发脾气而不是要求他"恢复正常"的做法，实际上要比试图控制并转移他的注意力或强迫他举止温顺有礼更容易，也更有益处。孩子在哭泣和发脾气的时候会感到自己的世界已经崩溃，而此时你向他传递你的爱可达到最佳的效果。当你留在他身边，不提任何要求，他迟早会修整好自己的世界，而你对他的关怀会成为这个世界中充满活力的一部分。

父母听孩子说话，要把握以下几点。

1. 要专心

每个孩子都希望自己的讲话能得到重视，他们有被尊重的心理需要。因此，家长在倾听时需精力集中、态度端正、全神贯注，尽量注视着孩子的眼睛，不要做看手表、抠耳朵、打哈欠等影响孩子情绪的动作，否则会让孩子觉得你心不在焉。

2. 要耐心

不要因孩子话语过长而感到厌烦，家长要善于控制自己的情绪，耐心地听孩子把话讲完。特别是孩子发表见解或有火气的时候，更要耐心倾听，给孩子提供表达情感的机会，从而促进问题的解决。

3. 要诚心

要尊重孩子，在孩子还没有充分把意见表达出来之前，不要随意表态或乱下断语，也不要随便批评。此时倾听者的坦率、真诚尤为重要，否则会产生一种距离感，影响沟通效果。即使不同意孩子的看法也不要轻易打断孩子的话，如确有必要纠正其不妥的观点，也要等孩子把话讲完后再阐明自己的观点。

如果在孩子情绪最糟时你在倾听、关切他，他会深深地体会到你对他的爱。

家长在倾听中，还要学会透过现象看本质，通过孩子的身体语言、情态，弄清话中之话，把握孩子的真实意图，从而有的放矢地做好导向工作，促进问题的顺利解决，解开孩子的心结。

解决亲子矛盾不妨"巧败"

在与孩子产生矛盾时，家长是利用自己的家长身份压服子女呢，还是暂时退让，待双方冷静下来再解决矛盾呢？正确的答案理应是后者。前者虽胜实败，可称为"惨胜"；后者虽败犹胜，可称为"巧败"。

以前王艳的儿子每次吃饭总是吃不了两口，就这屋看看电视、那屋摸摸玩具，一顿饭得吃一个多小时。为改掉儿子的坏毛病，王艳没少训斥孩子，天长日久形成了这样的习惯，只有在王艳的训斥下，孩子才会好好把饭吃完。后来，朋友出了个主意，让王艳和孩子比赛，看谁吃饭快，但是每次都故意败给孩子。就这样，在王艳的"巧败"之下，孩子吃饭不再像以前那么磨蹭了。

"巧败"的效果这么明显，王艳准备再在别的地方也好好使用一下，儿子穿衣服慢、画画不专心，她都和他比赛，并故意"败"给他。这个方法帮儿子改掉了不少毛病，而且，儿子的自信心和求胜欲也越来越强。

《三十六计》中，最后一计是"走"，即撤退，是"上计"。在形势于己不利，或即使仍有利，但相持下去的结果将会违背自己的初衷时，及时撤出是为上策。这就叫"巧败"。

"惨胜"不如"巧败"，许多家长大概也是在多少次"惨胜"之后才悟出这一道理吧！但无论如何，早一天悟出这个道理，对家长和子女双方都是好事。

与孩子发生矛盾时，父母如何"巧败"呢？

1.要保持冷静

当孩子与家长高声争论时，家长如果突然沉默，孩子常常也会安静下来。相反，若孩子高声家长也高声，很容易导致无谓的争吵，而且孩子在气头上也难以听进任何劝告。

2.巧用反面激将

当家长与孩子相持不下时，有时可以故意使用反面语，使孩子改变初衷。比如，想让孩子做完功课再玩，孩子却坚持玩完再做功课，这时家长可以赌气地说一句："你去玩吧，我不管你了。"家长的"让步"会使孩子感到不安，使其放弃原来的计划。

3.和孩子协商解决

任何事物都可能有多种解决办法，如果认为孩子的做法不妥，而孩子又不愿接受家长的方法时，可要求孩子一起来寻找双方都能接受的方法。矛盾的双方都可以提出几个可供选择的解决办法，然后一起评价这些办法，选择其中最佳的一种。

攻心话术 孩子爱听和不爱听的话

孩子，你说他行，他就行；你说他不行，他就不行。你为他喝彩，他会给你一个又一个惊喜；你说他不如别人，他会用行动证明他真的很笨。聪明的大人会用"你真棒"这样的语言来塑造孩子。

1. 这样说孩子最爱听

孩子的心灵像干涸的小苗，渴望被肯定，渴望得到积极的评价！做父母的应该对孩子这样说：

"把自信找回来！"

父母要相信孩子。每个孩子都有巨大的心理潜能，关键是你能不能把它开发出来。美国教育家把教育子女的全部奥秘归结为四个字——信任孩子。当然，孩子的消极想法并非一两句话就能立刻消除的，父母们接下来要定下有效的方法帮助孩子重建自信。

"你真棒！你能行！"

"哈佛女孩"刘亦婷、《赏识你的孩子》中战胜耳聋成为大学生的周婷婷等成功的例子，无不证明鼓励和赞美在培养孩子中有着巨大的作用。西方的家长从不吝啬对孩子说"你很了不起""你真棒""你能行"等赞美之语，其目的就是使孩子获得成就感，增强自信心。

"自己的事情自己作决定！"

孩子能够做的事绝不包办。父母要有意识地培养孩子自我服务的能力。当孩子老是想让你帮忙的时候，要对孩子说"自己的事情自己做，自己的事情自己决定"诸如这样的话语。

"孩子，你的进步很大，我为你感到高兴！"

面对孩子的问题，要心平气和地与孩子探讨产生的原因，提出严格的要求和建设性的意见和方法。允许孩子有尝试改进的时间，这样孩子就有被信

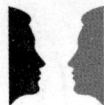

任、被重视、被关爱的感觉。

"像个男子汉那样思考和行动！"

在生活中，有些男孩总是喜欢与女孩子扎堆，愿与女孩聊天，而不愿与男孩活动，言行举止女性化，细声细气，注重打扮。面对这样的孩子家长要适时地、经常性地在孩子面前提起那些颇具性格震撼力的人或事件，在孩子的意识中逐步强化男性品格及行为规范，如有必要，可以培养偶像崇拜，甚至性格崇拜、品格崇拜。

"孩子，抬起你的头！"

作为家长要经常分析并肯定孩子的进步和成绩，使他们的自尊心不断地得到尊重。要绝对禁止孩子说自己"笨"，没出息、没信心等。要鼓励孩子以最充足的信心，最饱满的精神，最高昂的斗志，全力以赴，战胜困难。

"分数并不是最重要的，重要的是你真正努力了！"

当孩子拿着分数很低的试卷回家，父母首先应该表示对孩子的理解。要告诉孩子："分数并不是最重要的，重要的是你真正努力了。"这才是恰当的教育方法。

"告诉自己，我能做到！"

经常用激励性的评价来肯定孩子的每一点成功与进步，通过语言或表情的方式给予心理暗示，对孩子说"告诉自己，我能做到"等激励性的语言。让孩子相信经过自己的努力，一定能实现自己的奋斗目标。

"试着自己解决这个问题！"

当孩子提问时，父母可以先反问孩子："你觉得呢？""你认为呢？""为什么呀？"等等，来引导孩子先思考答案，再自行寻找答案。这样的方式可以加强孩子的逻辑思维能力。

"千万不要被身上的小障碍打败！"

父母要教会孩子正视自己的弱点和缺陷。等到孩子心情较好的时候，可帮助孩子找到改正的办法，例如："同学们笑你说话结巴，那么我们尝试寻找一些改善的办法吧，每当你要表达自己的意思时，不要激动和紧张，慢慢把话说清楚。"

2. 这样说孩子不爱听

一个合格的父母不能对孩子说这些话：

"你怎么那么笨！"

父母若常对孩子说"你的脑子不好"，或是"你真笨"，那么对孩子将是一个沉重的打击。他潜在能力的发挥将受到阻碍。

"你看看人家的孩子！"

人与人之间是不能互相比较的。"你看看××"这样尖刻的话语，只会让孩子觉得自己在父母心目中和其他孩子相比逊色很多。如此一来，他会丧失所有的自信心。一个没有自信心的孩子，将来是很难作出好的成绩的！

"谁让你撒谎！"

在判断孩子是否说了谎时，一定要谨慎，切忌不问青红皂白就对孩子下论断，要给孩子解释的机会。

"老毛病还没改！"

孩子的有些坏习惯并非出自自己的意愿，多半是在无意识的情况下作出的。如果父母经常责骂他，并常常说"老毛病怎么还没改……"之类的话，反倒无意识地提醒了孩子，加强了孩子的潜意识。

"你怎么总这样！"

其实，这样的批评对孩子没有起到任何教育作用，而且这句话里含着很大的失望情绪，这样的不良情绪会传递给孩子。久而久之，孩子的坏习惯不但没改，也许还会从心底认为，"我确实总是这样"而放弃改进的努力。

"你还敢不敢！"

"你还敢不敢"这句话的言下之意是，你再敢这样干，我会揍死你！这

是无视孩子的自尊，把家长的威慑力凌驾于孩子的独立人格之上的错误做法。长时间这样滥用家长权力，强迫孩子服从，不但不会有什么效果，反倒会激起孩子的逆反心理。有些孩子甚至会想：我就是要去试试，让你看看我敢不敢。

"这么简单都不会，以后还能干什么？"

每个孩子都期待大人的表扬，说他们聪明能干。而父母的"你还能干什么？"等于就是说："你什么都不能干！"这句话会让孩子很泄气，认为自己什么都不会，什么都做不了，从而产生放弃努力的念头。

"你在等我表扬你吗？"

不要吝啬对孩子的表扬，要经常对孩子进行鼓励和适当的表扬，告诉他们"你干得不错！""你真棒！"要知道，每个人都喜欢听到别人表扬自己的语言，尤其是正在成长中的孩子。当孩子被肯定后，他们就会更加坚定自己的理想。

"你这个窝囊废！"

不可否认，父母的责备也是出于爱自己的孩子，可是这样的责备却会使孩子失去自信，很可能从此他就真的成为父母口中的"窝囊废"了。父母有责任向孩子指出他错误的表现，并督促和鼓励他纠正，但千万不可以轻易否定孩子的想法。

"下不为例，再有下次我非收拾你不可！"

不要轻易地对孩子说"下不为例"。这是一句妥协的话语，孩子听到这样的话，不但不会改正自己的错误，反而会变本加厉，无休止地犯错。

"你又做错了！"

如果孩子反复改正还是做错时，也不要太过着急，或是以埋怨的口吻责骂他。可以和他一起讨论这些问题的根源到底在哪里。适当地安慰孩子："成绩是次要的，找出问题出现的原因才是最主要的，不要着急，静下心来自己好好思考一下！"

"怎么说"比"说什么"更重要

——求人办事攻心话术

说话心理学——

　　一个与成功失之交臂的人，并非缺乏成功的智慧和勇气，而是在办事时没有找到正确的方法，不知道怎么说话。而那些成就了一番事业的人，他们也未必都是天生的强者，只是他们善于掌握与各色人等办事的艺术，能够做到办什么样的事就用什么样的方法，把话说得天衣无缝、滴水不漏，不给别人挑毛病的机会。所以，求人办事时，"怎么说"比"说什么"更重要。

第十章
这样说话令人无法拒绝

从高到低提出要求

在向别人提出自己真正要求之前，先向别人提出一个大要求，待别人拒绝之后，再提出自己真正的比较小的要求来，别人答应自己要求的可能性就会增大。

有个小孩想养只宠物猫，但是考虑到家里可能不同意，于是就对爸妈说："我好寂寞呀，没人陪我玩，给我生个小弟弟吧，好不好……"

小孩可怜巴巴地哀求着爸妈，看到爸妈否定的表情（其实，心里早就知道），装作委屈地说："那要不，就给我买只宠物猫吧。"

于是宠物猫就来了。

妻子在逛商场的时候，看到了一件标价 800 元的裙子很漂亮，想让老公给自己买，但是考虑到老公可能不同意，于是，就对他说："老公，我们好久没出去旅游了，最近好烦啊，不如我们去欧洲玩一趟吧，希腊、巴黎、伦敦……"

妻子看到丈夫面有难色——装作没听见般地继续看手机（意料之中），故作生气地说："那要不，就给我买条裙子吧。"

于是，那件早就看中的裙子被买回来了。

这就是利用了人本性中固有的对比心。父母觉得与其再生个孩子，不如买个宠物猫更能让他们接受。丈夫觉得与其欧洲游，还不如买条裙子吧。

这种本想要让人答应自己的小要求，却先提出大要求的心理现象，就是利用了人的对比心。

学校的一名学生犯了错误后离家出走，班主任老师和学生家长知道后都急坏了，四处寻找，都找不到。但是，过了几天，正在大家都一筹莫展、痛苦不堪的时候，学生自己安全地回来了。班主任和学生的家长反倒不再过多地去追究这名学生之前所犯的错误了。"回来就好。"

实际上在这里，离家出走就相当于"拆屋"，是班主任和家长没办法接受的，也是不希望再发生的一种结果；学生之前犯的错误就相当于"开天窗"，虽然原来难以接受，但相对于离家出走就显得可以接受了。

人人都存在对比心。如果最初给出的是一个非常苛刻的要求，然后又提出了一个妥协的要求，即使这个要求也有些苛刻，但是对方也会认为这是一个能被接受的要求。

比如，我们在卖东西的时候，假如我们的进价是100块，而我们要价400块，最终我们可能会以200块成交。但是假如我们直接要价200块呢？我们就很难以200块的价格卖出去。

我们想向一个朋友借钱，如果想要借1万块，我们不妨狮子大开口，先对他说，需要借10万块钱。大多数情况他会面露难色，借口自己这段时间也不方便、不宽裕，一时拿不出这么多来，那我们就可以利用他的比较心，开口说："哪怕1万块也好呀。"

此时，在他心中，已经有了比较，从10万块下降到1万块，感觉上好多了，貌似自己占了便宜，而且已经拒绝了10万块的要求，心里有了一定的内疚感，如果1万块都不借，也太说不过去了。于是借1万块的预期目标实现了。

以情动人，以理服人

动之以情，晓之以理。以情为先是进入对方内心世界的最好的钥匙，能实现心灵的交融，才能使对方心悦诚服。对他人表现得情真意切，关怀体贴，别人就会很容易接受你的观点；如果你公事公办、言语冰冷，往往会激起对方的反抗情绪。

没有心灵上的交流，即使再有理也很难使人信服。如果在办事情时能够巧妙地运用感情技巧，动之以情、晓之以理，就能够征服对方，使对方成为情感的"俘虏"，能够达到事半功倍的效果。

韩信年轻的时候，家境贫寒，还耍狠斗勇、不好学，经常到别人家里混饭吃，是一个不受欢迎的市井无赖。他在南昌亭长家中混了好几个月的饭，亭长的老婆心里很不高兴，但是却不好意思当面给他难堪，最后他们想了一个方法让韩信知难而退。他们采用就餐时提早开饭的方法，等韩信到来时他们都已经吃完了。韩信便明白了亭长家的意思了，再也没有去亭长家白吃白喝了。从此，就像一只流浪狗到处觅食，过着饥一顿饱一顿的生活。有一天，韩信没有饭吃，就在淮阳河下的小河边钓鱼，当时有很多妇女在河边洗衣，其中一位洗衣妇看到韩信面黄肌瘦，好像很久没有吃饭的样子，便主动把自己带来的饭食让给韩信吃。

一餐又一餐，充满恩情的饭食，就这样一连10多天，天天如此，让韩信十分感动又感激，于是，便对洗衣妇说："我将来一定要好好报答你。"有人感恩，应该感到欣慰才对，想不到，这位妇女竟然以平淡的口吻说："男子汉大丈夫应当自食其力，我是可怜你，才给你饭吃，并不希望得到什么回报。"韩信觉得恩重如山，洗衣妇却认为，这不过是件不值得一提的小事；尽管碰了一鼻子的灰，等于是被训了一顿，但这番在怜悯中带着或许是鄙视、

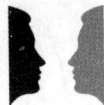

或许是激励的话，应当对他具有相当程度的刺激作用。

当韩信功成名就之后，没有忘记这位洗衣妇的恩德，而是重重地回谢了这位恩人。

韩信在落魄潦倒的人生路途之中，却能有如此好的机遇，这种情义无价的感受，恐怕最是难得珍贵！故事中的洗衣妇，真诚的帮助让人在感谢之外，多了一分感动。或许，正由于这份感动，才具有无意间激励韩信的足够动力，这对受助者而言，才是最为正面的效果。古人云："感人心者，莫先于情。"要使他人心悦诚服，很大程度上需要感情的触动和征服。感情是沟通的桥梁，必须要建造这样一座桥梁，否则无法打开别人心理上的堡垒，当然就不能征服别人。要以情动人，以理服人，这样才能让别人心服口服。

调动人性深处的同情心

一方面，每个人的心灵深处，都有其柔软的地方，再强势的人，也有他人不易察觉的弱点，这就是同情心。同情心是人与生俱来的本性，是人作为群居动物所根深蒂固的习性。另一方面，一个人的同情心在得到满足的同时，这个人的自尊心也同样能够得到满足。所以说，如果能够调动对方的同情心，直击其心灵最薄弱的环节，那么再难解决的问题也会迎刃而解。

很多时候，人们示弱并不是因为真的软弱，而是为了以此来激发别人的同情，得到他人的帮助，是人们争取利益的一种谋略，也是一种接近他人的最好做法。

某些歌星或演员为了提高自己的知名度，扩大影响，也往往利用这种伎俩，进行炒作宣传。因为，想要成为明日之星，必备的条件当然很多，其中之一便是用艰苦的历程博取人们的同情心。

有人声称"我少年失父，母兼父职，经历过千辛万苦"，或"我年少母病，靠我一个人来养活一家老小……"将这类极其悲惨的遭遇在适当的时机向人道出，利用所谓的压迫感，来得到他人的同情和帮助。

女性职员在公司最常使用弱者的攻势。当她失职，遭到批评时，眼泪就是武器，你无法同一个悲伤、哭泣的人较量。想想你自己在这方面的经历，当你和你的孩子、父母谈一个什么问题时，你立场正确，理由充足，所有的有利因素都归于你，突然间，他们的眼眶涌出了泪水，一颗颗泪珠顺着他们的脸颊向下滑落。你会有什么反应？你绝不会想：我要制服他，继续将他逼死才行。大多数人都开始退却，说："算了，算了，别哭了，我按照你的意思做就是了。"

请求他人解决问题时，应该调动听者的同情心，使听者首先从感情上走近，产生共鸣。这就为你问题的解决打下了基础。人心都是肉长的，将受害的情况和你内心的痛苦如实地说出来，处理者是会动心的。

一天，一位老妇人走进律师事务所向正在办公的杰克律师哭诉她的不幸，原来，她是位孤寡老人，丈夫在独立战争中为国捐躯，她靠抚恤金生活。前不久，抚恤金出纳员勒索她，要她交一笔手续费后才可继续领取抚恤金，这笔手续费是抚恤金的一半。她声泪俱下的诉说，深深地打动了杰克律师，他决定免费为这位老妇人打官司。

示弱能使处境不如自己的人保持心态平衡，善于选择示弱的内容是非常重要的。地位高的人在地位低的人面前不妨展示自己的奋斗过程，表明自己其实是个凡人。成功者在别人面前多说说自己失败的经历，现实的烦恼，给人一种成功不易的感觉。对眼下经济状况不如自己的人，可以适当诉说自己的苦衷，让对方感到家家都有一本难念的经。某些专业上有一技之长的人，最好宣布自己对其他领域一窍不通，坦言自己在日常生活中如何闹过笑话、

受过窘迫等，至于那些因为偶然机遇侥幸获得名利的人，更应该直言不讳地承认自己的成功是因为天上掉馅饼，偶尔的运气好。

示弱不应该只表现在嘴上，有时还要表现在行动上。自己在事业上处于有利地位，获得了一定的成功，在面对某些小利益的时候，即使有条件和别人竞争，也要尽量回避、退让。也就是说，平时小名小利淡薄些，谦让些，因为你的成功已经成了某些人嫉妒的目标，不可为一点儿微名小利而惹火烧身，应当分出一部分名利给那些时运不济的人。

可以说，同情心是人类共有的弱点。人往往对比自己强的人有戒心或竞争心理，而对境遇不如自己的人，却不可避免地心怀同情，对他们没有戒备、防备，而且容易被他们的请求打动，满足他们的需求。街上的那些乞丐，不管是真的乞丐还是假的乞丐，都把自己弄成一副可怜兮兮相，不是缺只胳膊就是断条腿，要不就是双目失明，或者遭遇洪灾干旱，反正是能说多可怜就多可怜，似乎世上所有倒霉的事都被他碰上了，他才来当乞丐。很多时候，大家都知道他可能是在编故事，但是就是没办法漠视。乞丐就是因为善于抓住人的同情心，从而能靠乞讨而生存下去，有的乞丐甚至通过乞讨而发了财。

所以当我们在需要他人帮助的时候，不妨激发对方的同情心来达到自己的目的。

主动示弱说出自己的不足

求人办事时，在言语中不妨让对方感觉到你的苦处，那么对方的同情心和优越感就会自然而然地被调动起来，他就会变得乐于帮助你。

人心都是肉长的，在要求他人帮助的时候，可以采取一些攻击人性弱点的办法。例如，激起别人的同情心，这样对方会甘心情愿来帮助你，因为你自身的怜悯会提升对方的优越感，进而会得到对方的帮助。

甲单位和乙单位达成了口头协议，在签订正式合同之前，有一家公司称愿意用比乙单位低不少的价格和甲单位做交易。甲单位把这个情况告诉了乙单位，并向乙单位说他们准备和另一家公司签约。

乙单位自然明白甲单位的心思——想把价格压到最低，而这会让乙单位的利润减少许多，他们自然不会这么做，于是派出一位协调人员。此人向甲单位言词恳切地反复解释原因，甚至到了要掉眼泪的地步，而这位协调人员的年龄足以做甲单位在场人员的父亲。

于是气氛从开始的对立变得沉闷起来，甲单位的攻击力像被冻结了一样。甲单位的一些人建议先进行一下内部讨论再给乙单位答复。在会议中，虽然有人说乙单位人的眼泪值不了差价，但是后来，甲单位还是在让出一部分利益后与乙单位签约了。

在人际交往的过程中，强势的人只能暂时压制住对方，而不会使对方心服口服，即使对方顺从于他，也是一种表面现象。而主动示弱，以弱者的地位达到自己真实的目的，往往能够直达对方的心底。所以，在与高手或强势的人过招时，尤其是有求于人时，如果以种种方法都不能打动对方的话，不妨换另一种计策主动示弱，说出自己的不足，以博取对方的同情心，这样往往能收到意想不到的效果。

在求人办事时，还要讲究韧性，采用不间断的方法"攻击"对方，让对方在心理上产生一种同情感。

首先，你要做的就是在对方不讨厌的基础上，多出现在对方面前。在所求之人和自己并无深层关系的时候，最好让他心里产生这种想法："我一直不理他，可他又总是来，看起来真是非我不可，而且他也太可怜了。"有了这种想法后，对方便不会轻易拒绝你。

其次，以情义和热忱"缠"住对方。当一个人被别人一再请求时，往往会形成一种心理压力，这种压力会促使他的态度软化。不过，也要注意时间、场合和对方性格等客观因素，因为这种多次纠缠如果使用不恰当的话会产生副作用。但假如你因为对方的一次拒绝而退缩，那将是你的损失，若做出恶言相对的事情则更是你的不对。在对方拒绝时，不妨向他道歉，这时，对方反而会因为自己的冷漠而深感抱歉，此时再去求助，你受助的可能性就会大很多。

不过，不到万不得已，利用对方同情心的方式还是不用为妙，因为引人同情的"哀兵策略"偶然做一次，可能具有出奇制胜的妙效，但如果常用低姿态去哀求他人，则会给人感觉你就像路边四肢健全却向行人乞讨的年轻人一样，非但得不到对方的同情，反而会让对方觉得不屑甚至鄙视。

攻心的策略在求人办事中起着重要作用。人人都喜欢听好话，在求人办事时，不妨说些对方愿意听的话，然后再慢慢引出你要求对方做的事。在捧人的时候，要注意你捧的方面要与所求的事相联系。

事前低调，事后谢恩

求人办事不管成功与否，都不要忘了再次感谢对方的帮助，哪怕只是最普通的一句问候，都会让事情更加圆满。假如在办事前你表现得卑躬屈膝，而在对方施以援手后却不知感谢，只会把自己以后的路堵死。

章伟在开始工作的时候是一个无名小辈，因为有几分才学，就一直想谋个好职位，但是每次他都不是那么幸运，只好在政府担任一个很小的职位。后来通过亲戚的关系，章伟到县里做了县长的秘书。

章伟认为在县长身边工作随时可能被提拔，于是他对自己的工作尽职尽责，做事情让县长很满意。就这样，章伟在县长身边一直做了3年秘书，在这3年期间，他继续学习，并考上了研究生。县长夸奖他不但工作做得好，也很有才华，还告诉他，自己愿意写一封信给自己的同学，让他往上升一步。

章伟很高兴，对县长千恩万谢。果然，不久后他就被调到其他地方任职。当章伟衣锦还乡时，已经有飘飘然的感觉了。县长在请他吃饭时，祝贺他说："你能取得这样好的成绩，真是可喜可贺啊！"章伟端起酒杯，却并不起身谢礼，只是点着头说："想起我以前受的那些罪来，真是感慨万千呀！"县长端着酒杯坐下时，心里不痛快地想：原来这小子觉得在我这里是受苦了！后来章伟再也没和县长联系过。县长自己知道看错了人。

谁想到，过了几年后，章伟又回来找县长了，而且表现得十分热情，原来他在某个单位犯了错误，想求县长帮忙。可是不管他怎么求，县长都会想办法推托掉。后来因为事态比较严重，章伟最终被革职了。

有的人在被提拔以后，能够果断地采取一些积极的措施，把工作做得有声有色，对提拔自己的人也是毕恭毕敬，没有一丝一毫的自高自大。当然，也有些人在没有获得重用的时候，每天低着头、弯着腰做人，但是一旦获得了提拔，立即换上另一副面孔。要知道人际关系是自己一步步维护出来的，求人之后表示感谢并不是件无关紧要的事，相反，它对人际关系有很好的促进作用。不管你是什么人、处于何等地位，都应该在求人办完事后适当地表示感激，这样做会让对方感觉心里暖暖的，当你再次有求于他时，他依然会尽力帮忙，因为他已经感觉到你并非忘恩负义之辈。

在人际交往中，事成之后表示感谢更容易拉近彼此间的距离，说不定还会让你有意外的收获，比如被感动之余，对方不用你求也会主动为你排忧解难，因为这时的你已经得到了他的信任。在表示感谢的时候，有如下几种让人听了心里舒服的说法："这件事多亏了您帮我的忙，托您的福，真是太感

谢您了。"这样一句开门见山式的话，往往会让对方觉得心中温暖，这时你们之间的关系将会更进一步；"上次的事没少麻烦您，我总觉得过意不去。现在事办成了，所以今天过来跟您聊聊天。"听了这样的话，对方会觉得帮助你是值得的。

求人办事后表示感谢时，要切记自己不是去炫耀或找心理平衡的，以骄傲的态度去他人面前示威还不如不去，因为采用这种行事方法，即使你能敲开100扇肯帮助你的门，你的这种行为也会堵死100门扇，你的"无情"已经众人皆知，即使原本想帮助你的人也会悄然离开。所以在成事后感谢帮助你的人时，一定要收敛起自己的得意。要记住，过不过河都不拆桥才是求人办事的硬道理。

攻心话术　改掉不良的说话习惯

如果一个人的脸上长有疤痕，可以从镜中窥见，可以使用化妆品或药品加以治疗弥补。同样，谈吐方面的缺陷也可以改变，只要治疗之前，自己能够清醒地认识到自己的这些缺陷。如果不清楚自己说话的缺陷，也可以试着拿一面镜子对照自己说话的姿态：是否手势过多，是否翘起嘴角，是否表情难看，是否过于冷漠、紧张、僵硬，是否强抑声调……

以下几点是我们说话中常有的坏习惯，我们可以对照检查，并加以改正。

1. 说话用鼻音

用鼻音说话是一种常见且影响极坏的缺点，当你使用鼻腔说话时，就会发出鼻音。如果你用大拇指和食指捏住鼻子，你所发出的声音就是一种鼻音。如果你说话时嘴巴张得不够，声音也会从鼻腔而出。在电影里，鼻音是一种表演技巧，如果演员扮演的是一种喜欢抱怨、脾气不好的角色，他们往往爱用鼻音说话。如果你使用鼻音说话，鼻音对于女人的伤害比对男人更大，你不可能见到一位不断发出鼻音，却显得迷人的女子。如果你期望自己在他人面前具有极大的说服力，或者令人心荡神移，那么你最好不要使用鼻音，而应使用胸腔发音。正确的方法是，平时说话时，上下齿之间最好保持半寸的距离。

2. 声音过尖

一个人受到惊吓或大发脾气时，往往会提高嗓门，发出刺耳的尖叫。一般女性犯此错误居多，要多加注意。因为尖锐的声音比沉重的鼻音更加难听。你可以用镜子检查自己有无这一缺点：脖子是否感到紧张？血管和肌肉是否像绳索一样凸出？牙齿下颚附近的肌肉是否看起来明显紧张？如果出现上述情形，你可能会发出刺耳的尖叫声。这时你就要当机立断，尽快让自己松弛下来，同时压低自己的嗓门。

3. 说话忽快忽慢

一般来讲，说话的速度很难掌握，即使是一些职业演说家或政治家，有时也不容易把握好自己说话的速度。说话太快，别人就听不懂你在说些什么，而且听得喘不过气来。说话太慢，人们根本不听你说，因为他们缺乏耐心。据专家研究，适当的说话速度在每分钟120～160个字之间，当我们朗读时，其速度要比说话快。而且说话的速度不宜固定，你的思想、情绪和说话的内容会影响你表达的快慢。说话中把握适度的停顿和速度变化，会给你的讲话增添丰富的效果。

为了测量自己说话的速度，你可以按照正常说话的速度念上一段演讲词，然后用秒表测出自己朗读的时间。如果你说话的速度每分钟不到上面那个标准，就可以试着调整说话速度，看是否会收到良好的效果。

4. 口头禅过多

在日常生活中，我们常听到这样的口头禅，如"那个""你知道不""是

不是""对不对""嗯"等。

如果一个人在说话中反复不断地使用这些词语，一定会有损自己说话的形象。口头禅的种类繁多，即使是一些伟大的政治家，在电视访谈中也会出现这种毛病。

当然，谈话中"啊""呃"等声音过多，也是一种口头禅的表现，著名演说家奥利佛·霍姆斯说："切勿在谈话中散布那些可怕的'呃'音。"如果你有录音机，不妨将自己打电话时的声音录下来，听听自己是否有这一毛病。一旦弄清了自己的毛病，那么以后在与人讲话的过程中就要时时提醒自己注意这一点。

下面介绍几种克服口头禅的方法以供参考：

（1）默讲。出现口头禅的原因之一，是对所讲的内容不熟悉，讲了上句，忘了下句，此时就要用口头禅来获得一点思考的时间，以便想起下面的话。事前默讲几遍，对内容、措辞十分熟悉，正式讲话时就能减少或不出现口头禅了。

（2）朗读。克服口头禅的朗读法，就是将自己的口语，从不清楚变为清楚、流利的语言。如果内部语言流畅贯通，就不会出现口头禅。出声朗读老舍、叶圣陶等语言大师的作品，有助于用规范的语言来改善自己不规范的语言。

（3）耳听。广播员、演员的语言，一般都较为规范，没有口头禅。平时听广播、看电影时，可边听边轻声跟着说。久而久之，你会惊喜地发现：自己的口语精练了，口头禅少了，连普通话水平也提高了。

（4）练习。听听自己的讲话录音，会对自己讲话中的口头禅深恶痛绝。这样，往往能使自己讲话时十分警惕，口头禅也会随之变少。

（5）慢语。在一段时间内，尽量讲慢些，养成从容不迫的思维和说话习惯，一句句想，一句句说，对克服口头禅有很好的效果。

5. 讲粗话

（1）讲粗话是说话的恶习。俗话说，习惯成自然。随便什么事情，只要成了习惯，就会自然地发生。讲粗话也是如此，一个人一旦养成了讲粗话的习惯，往往是出口不雅，自己还意识不到。讲粗话是一种坏习惯，是极不文明的表现，但要克服这种习惯也并不是一件易事。比较有效的办法是，找出自己出现频率最高的粗话，集中力量首先改掉它。首先是改变讲话频率，每句话末停顿一下；其次是讲话前提醒自己，改变原有的条件反射。出现频率最高的粗话改掉了，其他粗话的克服也就不难了。

（2）请别人督促也很重要。当然，这里的"别人"最好是了解自己的人，这样督促起来可以直截了当。由于有时自己讲了粗话还不知道，请别人督促就能起到提醒、检查的作用。督促还有另一层心理意义，那就是造成一种不利于原有条件反射自然发生的外界环境，以促进旧习惯的终止。

第十一章
这样说话可以获得支持

制造一些权威的表象

权威效应，又称为权威暗示效应，是指一个人要是地位高，有威信，受人敬重，那他所说的话及所做的事就容易引起别人重视，并让他们相信其正确性，即"人微言轻、人贵言重"。

"权威效应"的普遍存在，首先是由于人们有"安全心理"，即人们总认为权威人物往往是正确的楷模，服从他们会使自己具备安全感，增加不会出错的"保险系数"；其次是由于人们有"赞许心理"，即人们总认为权威人物的要求往往和社会规范相一致，按照权威人物的要求去做，会得到各方面的赞许和奖励。

假如你眼部不适，到医院就诊，如果其他条件相同，有一位眼科专家和一位刚从医学院毕业的年轻大夫供你选择，你会选择哪个呢？相信你一定会选择专家。

假如你要报一个英语培训班，你是愿意上一个由专业的著名教授来授课的班，还是愿意上一个刚从学校毕业的英语专业毕业的年轻老师的班？相信一般情况下，你会选择著名教授。

美国某大学心理系的一堂课上，教授向学生们隆重介绍了一位来宾——"施米特博士"，说他是世界闻名的化学家。

施米特博士从随身携带的皮包中拿出一个装着液体的玻璃瓶，说："这是我正在研究的一种物质，它的挥发性很强，当我拔出瓶塞，它马上会挥发出来。但它完全无害，气味很小。当你们闻到气味，就请立刻举手。"

说完话，博士拿出一个秒表，并拔开瓶塞。一会儿工夫，只见学生们从第一排到最后一排都依次举起了手。但是后来，心理学教授告诉学生们：施米特博士只是本校的一位老师化装的，而那种物质只不过是蒸馏水（没有气味）。

有人告诉你说，经过大量的研究表明，你这样的人在这个年龄吃这个补品有很大的好处。如果这个人只是一个普普通通的人，你对他的介绍一定会有一些质疑。

现在这个人的头衔是国际营养学会高级研究员，你对上述的话又有何感想？当你知道他不仅是高级研究员，而且还是国务院的特级专家，此时你的感想是否有变化？

这时候，你又知道了有关这个人的一个事实，那就是去年他被授予了诺贝尔生物学奖。这是世界一流的科学家才能拿到的大奖，一年只有一次，获奖者在全球的科学家中只占有很少的比例。这时，你对上述的话又有什么感想？

当然，你相信的绝对不是他这个人，你相信的只是他的头衔，是外界授予他的头衔。你是在逐渐知道了他的头衔后才越来越相信他的话。

这也是权威效应应用时的奥妙所在：你可以不是权威，但是如果你能让人感觉到你是权威，你就能让人相信你的话。这是因为每一个人总是习惯性的思考问题。

所以，我们对权威的信赖，使我们往往受到权威的暗示所引导，而这里

并不需要权威的实质，也许一些权威的假象就可以左右我们的言行。这些暗示可以是头衔、服装或者其他外部标志。即使是具有独立思考能力的成年人也会为了服从权威的命令而作出一些完全丧失理智的事情来。

就如开车来说：绿灯亮起时，人们往往会根据停在前面的车是名车还是普通车型而确定是否以按喇叭的方式来进行催促。如果是名车，排在后面的人往往会等得久一点。坐在名车里的人就一定是受人尊重的人吗？当然未必。但是他的车是名车，所以在别人眼里，他这个人的地位自然就提升了。

在人际交往中，我们可以巧妙地利用权威效应来影响他人，制造一些权威的表象。给自己冠上一些权威的头衔，或者象征某种权威的身份标志，就可能让人刮目相看，给他人以心的震撼，让人敬仰，信服，接受你，赞同你，改变自己的态度和行为来屈从于你的暗示和建议。

攀龙附凤，拉大旗做虎皮

"狐假虎威"说的是狐狸凭自己的智谋逃出了虎口。这往往被人们作为贬义来引用，表明他人仗势欺人。但是这一手段也可以被我们在做事的时候使用，用得好也不失为一种高超的办法。

比如说，巧借名人之名，在谈话中常出现一些身份高的人的名字，你在别人眼里就不同寻常；你也去一些有地位有身份的人常去的地方，这也可以作为提高你身份的资本；巧借名言，你请社会名流为你题个词，请专家教授为你写的书作个序，请明星为你签个名，等等。这些做法虽然有沽名钓誉之嫌，但这也是人的正当追求，对自己有利而无害于别人，也是不会被社会禁止的。

在美国的华尔街，一位刚毕业的商学院的学生在他的办公室墙壁的中央挂着一幅美国石油大王洛克菲勒的照片作为装饰。虽然他和照片上的人物毫无瓜葛，但是这幅照片总是使得别人联想到他与石油大王有某些关系。这位学生利用人们的心理错觉将计就计，与很多大富翁交往，在他们的帮助下，使得自己的业务走红，并在短期之内发了财。

有一位刚开始创业的老板，在接待客户时候，一旦判断对方有权作出重大的决定，他就会带客户去自己平时也不进入的豪华的酒店或者是俱乐部去，热情款待对方。为了达到更好的效果，他事先会先到酒店或是俱乐部去，认识里面的经理或是服务人员。当客人前来时，他便会与事先认识的经理或是服务人员寒暄，被招待的客户就会认为他经常来此，并认定其非常有实力，便下定决心与其合作，往往使他能够成功签约。这位老板的事业也在几年之内就做大了。这位老板的成功在于他懂得借势，借助豪华酒店与俱乐部的名气来提升自己公司的声誉。

翻开历史，古往今来的成功者，谁也不是一生下来就大名鼎鼎，一出生就风光耀眼，一呼百应。他们大多总是先隐蔽在某些大人物的后面，借他的光环来笼络各路豪杰，借他的声望来壮大自己的声势，一旦时机成熟，或者另起炉灶，或者跃着别人的肩膀往上爬，或者反客为主，把别人吃掉。在做到这一步之前，他们往往先把自己的狐狸尾巴藏起来，拉一面大旗作虎皮。

古时候，有个人想卖自己的马，但是他的马一连3天都无人问津。于是他前往伯乐那里，对其说："我想卖自己的马，但是一连3天都无人过问，我想请您帮个忙，您只要在市场上围着我的马转一圈，然后再回头看一眼就好，我给您一天的花费。"伯乐同意帮助这个人，按照他的吩咐围着马转了一圈，在临走之时又回头看了一眼。伯乐刚一离开，马价立刻就暴涨了10倍。

拉大旗做虎皮，在各行各业都起着不寻常的作用。做生意则更要找名人，像美国著名影星克拉克·盖博在电影里脱掉衬衫，赤裸身子，就这么一个镜头，竟使得美国贴身内衣的销售量急剧下降。而英国王妃戴安娜带头穿平底

鞋，英国市场上的高跟鞋就无人问津了……这些都是名人效应，有意识地借用，就是借名效应。

攀龙附凤之心大部分世人都有，谁不希望有个声名显赫的朋友：一个明星，或者随便什么大人物，如果能与他们牵扯上一定的关系，自己也便沾上了荣耀，在别人眼里也就身价大增了。

合理挑剌，攻击小问题

攻击对手的小问题，能够使对方心理产生动摇，使对方产生畏惧心理。这时你再提出自己的要求，就很容易得到满足了。

在一个公司的股东大会上，一切都进行的非常顺利，临近结束时，一位股东站起来说："这么重要的会议，总经理盘膝而坐，这成什么样子？"总经理赶忙坐端正，该名股东继续发言："这样的做事态度，还能胜任总经理职务么？"这样的刁难，使得这名总经理与其部下再也不敢随心所欲，在以后的工作中也一丝不苟，小心翼翼。为何这样的批评对总经理和部下产生如此大的影响呢？我们可以想象，总经理与部下对这一次的股东大会中有关公司的经营方针和业务成绩的准备想必是十分周全的，当他们对自己的业绩满怀信心的时候，却没有想到有股东对总经理的坐姿进行攻击，当然出乎意料，而且把坐姿与任职资格联系在一起，不得不让他们捏一把冷汗，但是这又不是无中生有，也不是鸡蛋里挑骨头，这确确实实与人的工作态度有很大的关系。因为他们的弱点被人发现，并且被当面指出来了。就像拳击比赛一样，在没有防范的部位受到袭击后，被袭击者就会马上溃败下来。

在商业中，这种手段经常被运用。在美国有一家投资公司，曾经与银行保持着良好的关系，但是后来因为经济不景气，银行不愿意向外面贷出太多的贷款，包括这家投资公司，也得不到很多的贷款。该公司老板多次表示希望银行能够贷款给他，但是都未能如愿。过了一段时间，他想出了一个办法，他让公司的会计部门罗列出很多条对银行的抗议事项。银行对这种抗议显然有一些措手不及。银行经理立刻给投资公司经理打来道歉电话，这个老板趁机向银行经理提出银行的办事效率太低、手续过于繁杂，致使公司向外购买产品的计划被拖延，因此遭受了巨大的损失，言语之中大为不满。

恰巧这时侯，该银行的一名职员一时疏忽，把这个投资公司的一笔款项错存入其他账户。投资公司的老板又在这件事上，借题发挥，并且大发雷霆。把银行以前的种种错误全部列举出来，要银行作出解释并且提出具体的解决方法。

银行经理在听到客户的诸多投诉以后，心里已经作了最坏的打算，准备接受一切严厉的批评和惩罚。两个星期以后，投资公司老板打电话过来了，但是他对于过去发生的事情绝口不提，反而很亲切地问道："银行对于两年以上的贷款的利息怎样算的？"

银行经理便松了一口气，将利息的计算方法详细地说明出来，并且保证这样的贷款是当前最有利的方式。这位银行经理小心翼翼，生怕得罪这个客户，并且提出银行愿意与公司恢复业务往来，主动提出向投资公司提供一笔贷款。这样投资公司老板的目的就达到了。

投资公司老板在对银行的弱点进行有力地抨击以后，使得银行对其胆怯，当银行经理准备接受投资公司老板的责难时，聪明的老板对于银行的失误却只字不提。反而亲切地询问银行的业务，结果使得银行主动为其提供贷款。

我们在做事情的时候也可以效法此法，当对手向我们显示出坚定不动摇的决心的时候，我们就不能再软弱，可以对其弱点进行攻击，当然攻击的弱点必须是实际存在的，不能无中生有；否则会被对方视为无理取闹，对你置

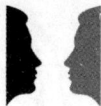

之不理。等到对方确实因为内疚而对你产生畏惧感的时候，你就可以态度谦和，让对方感激不尽，你想要达到的目的自然会实现了。

软绳捆柴，给足面子

对于顽固的对手，不能一味地使用强硬的手段以硬碰硬。那样的话即使能制服其人，也未必能收服其心。俗话说，"软绳子捆得住硬柴禾"，采取阴柔的手段是对付强硬分子的上上之策。

孟获是三国时期南中地区少数民族的首领，是当地很有影响的人物。他和朱褒、雍凯、高定等人勾结，推举雍凯为主帅。趁蜀国对吴国作战失败，元气大伤，刘备刚死的机会，煽动少数民族，杀死蜀国派往这一地区的官吏，公开发动武装叛乱。

南中历来就是多民族聚居的地区。三国时候，那里住着许多少数民族，是今天彝族、壮族、傣族、独龙族的祖先。汉朝时，他们被称为"西南夷"。他们和汉族人民一起，用劳动和智慧开发了中国的边疆，对中国的经济和文化发展，作出了巨大的贡献。孟获等人在南中地区的叛乱，既破坏了各族人民和睦相处的愿望，也严重地威胁到蜀汉的政权，妨碍了诸葛亮北伐中原，统一全国的计划。为了维护蜀国的统一，诸葛亮经过积极的准备，在公元225 年，分兵三路，向南中进军。

在开始出兵的时候，诸葛亮采纳参军马谡的建议：这次出征的目的，并不是把那些叛乱分子赶尽杀绝，占领他们的城池，而是要征服当地领袖人物的心，使他们心悦诚服地服从蜀汉的统治，以后不再发动叛乱。这叫做攻心为上，攻城为下。

诸葛亮出兵不久，南中地区的叛军内部起了变化。雍恺被部下杀死，孟获做了主帅。接着诸葛亮杀高定，破朱褒。这年五月，诸葛亮带领军队渡泸水，追击孟获。由于孟获在当地群众中有一定的威望，当地少数民族和汉族都服从他的指挥，所以诸葛亮命令不准杀害他，一定要捉活的。孟获见蜀军打了进来，就起兵迎战。蜀将王平跟他对阵，开战不久，王平掉转马头往后撤走，孟获驱兵前进，沿山路追赶。忽然喊声大起，蜀兵从两旁杀出，孟获中了埋伏，只得引兵败退。蜀兵紧紧追赶，活捉孟获。

军士们把孟获押解到大营来见诸葛亮，诸葛亮问孟获："我们待你不错，你怎么反叛朝廷？现在已被生擒，还有什么好说的呢？"接着他亲自带领孟获参观蜀军军营，问孟获："你看我们的军队怎么样？"孟获一看，蜀军阵营整肃，军纪严明，士气旺盛，心里暗暗佩服，可是并不服气。他说："我不是被打败的，只是不知虚实，中了你们的埋伏，才被捉的。现在看了你们的军队，也不过如此，真要硬打硬拼，我们是能够取胜的。"诸葛亮笑着说："既然这样，我放你回去。你整顿好队伍，再来打一仗吧。"说完吩咐士兵们摆上酒席，招待孟获吃了一顿，然后把他放回去。

孟获回去以后，连续和诸葛亮一战再战，一连打了七次，被擒七次。最后一次，诸葛亮把孟获的军队引到一个山谷中，截断他们的归路，然后放火烧山。只见满山满谷烈火熊熊，把孟获的将士烧得焦头烂额，叫苦连天，孟获第七次被蜀兵活捉。

孟获又被押解到蜀军营帐。士兵传下诸葛亮的将令说：丞相不愿意再见孟获，下令放孟获回去，让他整顿好人马，再来决一胜负。孟获想了很久说："七擒七纵，这是自古以来没有过的事情，丞相已经给了我很大的面子，我虽然没有多少知识，也懂得做人的道理，怎么能那样不给丞相面子呢！"说完跪在地上，流着眼泪说："丞相天威，我们再也不反叛了！"

诸葛亮很高兴，赶紧把孟获搀扶起来，请他入营帐，设宴招待，最后客

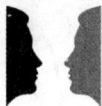

客气气地把孟获送出营门，让他回去。孟获七次成为诸葛亮的手下败将，作为阶下囚丢尽了脸面。本来，可杀可刭，全凭诸葛亮发落。但是诸葛亮非但没有杀他，甚至没有羞辱的言辞，反而以贵宾的礼遇对待他。这给了他多大的面子啊！如果给脸不要，不识抬举，只能自讨苦吃，也对不起人家的一片诚意。何不借坡下驴，也不失武将的体面。诸葛亮的这个面子赏得恰到好处。

给面子是大对小，上对下，强对弱干的事情，这就意味着，如果诸葛亮没有博大胸怀，用计的上风，军事的强势，七擒七纵便无从谈起。没有这种肚量的人，是办不到这一点的。

从软弱的地方下手

人无完人，无论是伟人、圣贤还是哲人亦或是凡夫俗子，都有弱点。我们只要多动脑筋，对这些弱点巧加利用，抓住对方的特点，迎合对方的兴趣爱好，一切都能得心应手，如你所愿。

童贯是北宋的一个小太监，他有善于察言观色的能力，让他在宋徽宗时期发了迹。宋徽宗继位之后，派遣童贯四处收罗天下名画，供他观赏临摹。童贯来到书画艺术最为发达的杭州，他把苏杭一带的历史名画和人才源源不断地送到宋徽宗面前。并且把自己的好友，精通书法和绘画的蔡京一并举荐给宋徽宗。童贯深知如何讨得宋徽宗的喜欢，每一次送给宋徽宗的书画之中都带有蔡京的作品，并对蔡京大加赞赏。宋徽宗本来热爱书画，加上亲信的吹捧，竟然决定拜蔡京为相，于 1102 年 7 月，任蔡京为宰相。而童贯在朝中的地位更加牢固。童贯能够权倾朝野，也就是抓住了皇帝对书画的喜好，抓住了这根软肋，使自己平步青云、扶摇直上。

历史上常用的美人计也是来自于攻其软肋。都说英雄难过美人关，对于一些强大的将领，一般不可强攻，而使用美人计便是上上之策。在古今中外的战争史上，一方运用"美人计"致对方于死地的事例有很多。历史上很多君王，往往为了一己之贪恋，而不惜舍弃其他一切，置国家、国民的安危于不顾，最终导致亡国亡家的败局。

古时的周幽王荒诞无道、滥杀忠良。西周大夫褒珦因直言举谏于周幽王，而惹怒了周幽王，被周幽王下令关入牢中。褒珦的儿子洪德偶尔到褒地去收租税，看见已长大成年的褒姒美若天仙，便把她带了回来，并教授给她以歌舞、礼仪等，然后，洪德将褒姒敬献给周幽王，贪色的周幽王欣喜若狂，他下令放出褒珦，让他官复原职。洪德正是抓住了周幽王贪色的弱点，向其进献美人褒姒，让周幽王大喜之下而放了他的父亲。

还有历史上的高俅，他的球踢得好，皇帝从喜爱足球到喜爱高俅，于是最后高俅成了皇帝的宠臣。在历史上，"以酒会友""以文会友"也都是美谈，因为都爱喝酒和都爱舞文弄墨，不相识的人便以酒、以文为桥梁建立了友谊。

不仅仅在这样一些人人皆知的事情上面，可以利用人的弱点达到计划的目的，在生活中，我们也可以看到很多这样的例子。做生意的商人就是看透了人们爱占小便宜的弱点，而谋取更大的利益。我们随处可见当节假日来临时各大商场和超市人山人海，顾客接踵摩肩疯狂购物，就好似里面的东西不要钱。因为每到节假日，商家们都推出了让利促销，什么"跳楼价""出血价"或是购物满多少就返多少钱的商品，有的顾客为了能够拿到赠品，便购买一些自己不需要的东西，以达到获赠的额度。顾客得到了实惠了么？其实真正获利的是商家，他们把积压了很久的商品一售而空。

曾经有一位熟悉的商场促销员坦言，其实他们很多产品在节假日卖的价钱并不比平时低。只是他们公司把商品的原价提高了很多，然后再按几折出售，其实价钱并没有改变。而消费者一看见打折商品便会拼命地购买，殊不

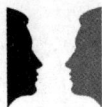

知商家正躲在后面边数钱边偷笑呢。

我们做事也是一样，在与人共事时，应该抓住对方的弱点，集中攻取一点，从对方最重要最软弱的地方下手，这样对方就会乖乖就范，从而成功达到自己的目的。

攻心话术 一分钟识破他人内心

在办事过程中，你需要跟不同类型的人打交道，了解对方越多，也就越能摸清对方脾气，以轻松办事。而人的品行、性格通常会体现在他的身体语言上。

如果你是一个善于观察的人，那么你很快就能了解对方，并以此决定该如何办事。

观察他人，可以从以下几个方面入手：

1. 从他的眼睛窥视他的心思

初次见面时，首先将视线朝左右瞄射者，表示他已经占据优势。

如果一旦被别人注视的时候，就会忽然将视线躲开。这些人大体上都怀有自卑感，或有相形见绌的感受。

抬起眼皮仰视对方的人，无疑是怀有尊敬或信赖对方的意思。

将视线落下来看着对方，表示他有意对对方保持自己的威严。

无法将视线集中于对方身上，很快地收回自己的视线的人，大多属于内向性格者。

视线朝左右活动得很厉害，这表示他还在展开频繁的思考活动。

2. 从他打招呼的方式看他的内心

针对打招呼的方式，有人总结出下面的规律：

一面注视对方，一面行礼的人，对对方怀有警戒之心，同时也怀有想占尽优势的欲望。而凡是不敢抬头仰视对方的人，大部分都是内心怀有自卑感的。

使劲儿与对方握手的人，具有主动的性格。

握手的时候，无力地握住对方的手，表示他有气无力，是性格脆弱的人。

握手的时候，手掌心冒汗的人，大多数是由于情绪激动，内心失去平衡所致。

握手的时候，如果目不转睛地注视着对方，其目的是使对方在心理上屈居下风。

虽然不是初次见面，但始终都用老套的话向人打招呼或问候。这种人具有自我防卫的心理。

3. 从他的癖习看他的特性

有很多人或多或少地会有一些癖习，比如不时地搔弄头发，这是一种神经质。凡是涉及有关自己的事情时，他们马上会显得特别敏感。

一面说话，一面拉着头发的女性，大体上是很任性的女人。

说话时常常用手掩住自己嘴巴的女人，是有意要吸引对方。

拿手托腮成癖的人，则表示要掩盖自己的弱点。

不断摇晃身体，乃是焦灼的表示，这是为了要解除紧张而表现出来的动作。

双足不断交叉后分开，这种癖习表示不稳定。

4. 从他的举动看他的意愿

人的一举一动，特别是下意识的形体动作，也能向你显露他的秘密。

交臂的姿势表示保护自己的意思，同样的，这种动作也能表示可以随时反击的意思。

举手敲敲自己的脑袋，或用手摸着头顶，即表示正在思考的意思。

摸头的手震动得很厉害，即表示全心全意在思考中。

用双手支撑着下颌，大多数的情况都表示正在茫然的思考中。

用拳头击手掌，或者把手指折得咔咔作响，就表示要威吓对方，而不是在进行思考活动。

当你读懂了对方的身体语言后，办起事情来就显得非常轻松自在了。因此，在你提高办事能力的同时，一定要提高读懂他人身体语言的能力。

第十二章
这样说话能够得到回报

想方设法满足对方的需求

我们要懂得满足他人需求的重要性，想知道人们的需求有哪些？我们要从他人的普遍的需求入手，人们都有被尊重的需要，自主表现的需要，与人交往的需要，情感的需要，宣泄的需要和被社会承认的需要。时刻关注一下他人的需要，你的需求也会得到满足。

如果人们在说话办事时，能够站在他人的立场去想问题，这个世界必然会少很多纠纷。人要在这个世界生存，必然有各种各样的需求，如物质需求和精神需求，生理需求和社会需求。如果能够满足他人的需求，对方必然积极地为你去做一些事情。就如钓鱼一样，我们钓鱼用的是鱼饵，用鱼喜欢吃的东西，而不是用自己喜欢吃的东西去钓鱼，这个道理是很浅显易懂的。而且不同的鱼要使用不同的饵，如果使用一种鱼饵去钓不同的鱼，一定会是徒劳的。同理，我们希望得到他人的支持，就应该满足他人的需求，这样他人才会满足我们的需求。

钓鱼的原理也是人际交往的法则，能够影响他人的方法，就是时刻关心对方的需求，并且想方设法满足对方的需求。

　　周文王在渭水北岸见到了正在直钩钓鱼的姜太公。姜太公说，用人办事的道理和钓鱼有点相似之处：一是禄等以权，即用厚禄聘人，与用诱饵钓鱼一样；二是死等以权，即用重赏收买，死士与用香饵钓鱼一样；三是官等以权，即用不同的官职封赏不同的人才，就像用不同的钓饵钓取不同的鱼一样。姜太公接着说："钓丝细微，饵食可见时，小鱼就会来吃，饵食味香时，中鱼就会来吃；钓丝粗长，饵食丰富时，大鱼就会来吃。鱼贪吃饵食，就会被钓丝牵住；人食君禄，就会服从君主。所以，用饵钓鱼时，鱼就被捕杀；用爵禄收罗人时，人就会尽力办事。"一个人有特殊的欲望，这个特殊的欲望，就是他特有的弱点，你抓住了他的弱点，并满足了他的欲望，他就乐于效力。利用人们心中真正的欲望去制约他，让他为自己办事，就没有不成功的。

　　假如我们想让他人做我们想让他做的事，就应该预先刺激一下他的欲望，以达到我们的目的。拿破仑就是能熟练使用这一策略的大师。面对那些衣衫褴褛、饥肠辘辘的士兵，他抓住士兵们对衣食的迫切需要，开始鼓励他们："兄弟们，现在你们无疑是在衣不蔽体、食不果腹中过活的。我将把你们带到世界上最富足的地方去，在那儿，你们可以看到繁华的都市和富饶的乡村……"在占领米兰之后，他又改变了说法。这时，他不再在士兵们的食欲上，而是在他们的"自尊心"上下工夫。拿破仑用热烈而优美的词句赞美他的士兵是"历史的创造者、家乡的英雄"，还说："待你们荣归故里时，你们的邻居会热情地指着你们说："他曾经服役于那伟大英勇的军队。"就这样，士兵们在拿破仑极具诱惑性的鼓动下，就像被施了魅惑的符咒一般决战沙场。

　　所以在生活中，如果我们想成功地得到他人的帮助，我们就要站在他人的立场来看问题，并且满足对方的需要。

　　这个道理谁都明白，可是真正做起来却并不是那么容易的。我们大多数人在大多数时间想到的是自己，习惯忽略他人，自然也会被他人忽略。我们要学着改变这种"只想自己"的习惯。通常我们一起出去玩，我们首先会选择自己喜欢的地方；我们在餐厅点菜，会点我们喜爱的菜肴；甚至我们读书的时候，也会选择我们喜欢的科目。人从出生到这个世界上后，所有的举动，所有的出发点都是围绕自己。但是，我们如果从别人的立场去考虑问题，会赢得更多的朋友，也更加容易达到目的，得到的也会更多。如果我们与他人发生摩擦，双方都能够冷静下来，把自己摆在对方的立场上处理问题，换位思考一下，这样我们就不会总是责怪对方，也不会认为对方做的都是错的，认为自己才是正确的了。当我们理解对方的难处后，问题等于已经解决了一半，接下来我们按照对方的需求行事，适当地去做一些事情，我们也必定会得到回报的。

未雨绸缪，冷庙烧香

人不可能一帆风顺，挫折、背运是难免的。人在落难时正是对周围的人，特别是对朋友的考验。远离而去的人可能从此成为路人，同情、帮助他渡过难关的人，他可能铭记一辈子。所谓莫逆之交、患难朋友，往往就是在困难时期产生的，这时形成的友谊是最有价值、最令人珍视的。

在对方困难时帮助他，有的人虽然时运不佳，如果你认为对方是个英雄，就该及时结交，多多交往，施予物质上的救济。寸金之遇，一饭之恩，可以使他终生铭记。日后如有所需，他必奋身图报。即使你无所需，他一朝否极泰来，也绝不会忘了你这个知己。与那些暂时不得势的人交往，并成为好朋友，就像买股票一样，买了最有价值的原始股。所以从现在起，多注意一下你周围的朋友，若有值得上香的冷庙，千万别错过了才好。

　　有一个刚进一家合资医药企业的小伙子，一次拜访一家三甲医院的临床主任，科里一个认识的医生在走廊里拦住他说："你不要拜访他了，他下台了，已经不是主任了。"这位医生悄悄告诉他说："这位主任被免职了。现在已经换主任了！"他站在原地犹豫了一下，还是带着准备好的礼品先敲响了前任主任的门。那位前主任正在办公室闭门思过。这位小伙子的到来很让他惊讶。他爱理不理的，直接说以后别找他了，他不是主任了，有事可以去找新主任。这位小伙子把礼品拿出来说："新主任我以后会去拜访，不过这并不妨碍我拜访您啊，您是我们公司的老朋友了，我就是来拜访公司的老朋友的呀。"

　　这位主任很意外，语气也客气了些，给这位小伙子写了新主任的名字和办公室门牌号，说以后合作上的事找他去吧。小伙子只好知趣地告辞，说："那您先忙吧，我下次再来拜访您。"主任说："还忙啥呀？主任也不当了，没什么可忙的了！"这位小伙子还真有点初生牛犊不怕虎的劲头，听见这位主任的这句话，转回身说："您怎么有这样的想法呢？"这位主任显然牢骚满腹，一时还不适应角色调整，站在办公桌后茫然四顾说："不当主任了有什么可忙的？"这位小伙子一时兴起，就脱口而出说道："不当主任了您还有自己的专业啊，您照样是杰出专家啊。不当主任，关起门来钻研学问也好啊。要是都像您这么想，那我们这些大学毕业了却不能从事本专业的人，岂不是都不要活啦？"主任愣了一下，可能还没人敢这样对他说话，尤其是一个小小的业务员，竟然敢用这种语气和自己说话。

　　这位小伙子也觉得自己不礼貌，赶紧捡好听的说："像您这样的性格一定喜欢李白的诗吧？其中有两句是'天生我材必有用，千金散尽还复来。'写得多好！您忘了吗？"这位小伙子凭着自己刚毕业时的意气风发，对这位前主任好好劝导了一下，话虽然说得有点刺耳，但是对于这位原主任来说已经足够了。谁也没有想到，那位主任竟然在卸任3个月之后，又恢复职位了！

这位小伙子的业绩可想而知了。后来，这位小伙子因为工作成绩突出调走了，这位主任还念念不忘，多次到他的公司询问他的下落。

很多人却不懂得这个道理，或者懂得这个道理却嫌"长期投资"见效太慢，于是仍旧有事了才想起去求别人。却不知，事到临头再来"抱佛脚"往往来不及，哪怕你又是送礼、又是送钱，效果也不见得好。

还有一种人就是对"冷庙"认识不够，总认为"冷庙"的"菩萨"不灵，所以才成为"冷庙"。其实英雄落难，壮士潦倒，是常见的事。只要有机会，一个穷途末路的人仍可能会一飞冲天的。

一位老板因为被朋友牵连进了监狱，他昔日的一些朋友和部下都离他而去了。他的心情很苦闷，感到世态炎凉，一度丧失了对生活的信心。

这时，只有一个部下，不怕受连累，主动去见他，安慰他、开导他，同他一起分析局势。

在部下的鼓励下，这位老板终于意识到自己的前途并非那么黯淡，于是，他开始积极地想办法。

后来，由于朋友主动承担了一切责任，他很快出狱了。时隔不久，这位老板便东山再起，因为感激这名部下，他把自己的一个分公司交给部下打理，没过几年，这位部下就跻身于富翁阶层。

可能有的人会说，我也想烧"冷庙"，但我不知到哪儿找"冷庙"。其实，"冷庙"就在你的身边。可能是默默无闻但很有前途的未来之星，可能是一时落难的枭雄，也可能是曾经辉煌却已退居二线甚或退休在家的老领导。

"烧冷庙"也并非我们想象的那么复杂。最轻松的办法是平常多与其他部门和岗位的人交往，尤其是人事、财务等部门。交往可以随意一些，有事说事，没事混个脸熟，遇到个机会便烧上一把高香，比如谈谈心，拉近彼此的距离；借机恭维对方，赢得对方好感；遇到有困难的，主动伸出援手。这样的香，基本上是没有什么成本的，更应勤烧不倦。

请相信，只要你未雨绸缪，早做准备，总有一天，你烧的冷庙会热起来，你的机会会多起来。

先给好处，把人情债当手段

负债心理是说我们在得到对方的恩惠后，就会产生一定要报答对方的心理。我们送出什么就会收回什么，给予什么就会得到什么。帮助的越多，得到的也就越多。欲有所得，当先给予。

拿人的手短，吃人的嘴软。一旦接受了别人的好处，占了他人的便宜，再拒绝他人的请求，是很难开口的。这也是当今社会出现这么多行贿受贿案件的源头。有人要求当权者办事，别人肯定不会白白帮你忙，那么最好的方式就是先给对方一些好处，对方贪恋女色，就送美女；对方的子女要出国，就送其出国；对方喜欢钱财，就给他钱财。等撒下饵后，接下来就是等着收获了。行贿之人懂得要人办事，先给人好处的道理，而且用在办事上面，间接操纵手持权力的人。

有一个骑士打猎的时候，发现了一头受了伤的狮子，这个骑士动了恻隐之心，把狮子受伤的脚上的刺拔了下来，并且给它涂上了随身携带的药，伤口流血也止住了。过了一些时候，国王也来到了这个森林打猎，发现了这头狮子，把它捉住后就圈养了起来。过了很多年后，一次骑士因为自己不小心，冒犯了国王，被国王判决受狮子吞噬之刑。骑士被抛进狮笼，恐惧地等待被吞噬的时刻的到来。狮子走到骑士的面前，仔细打量，记起了这位骑士是给它疗过伤的朋友；这时，骑士看到狮子脚上的伤痕，也记起就是他曾经帮助过的狮子。狮子没有吃他，而是亲昵地偎在骑士的身旁，过了几天，国王来看，骑士并没有被凶狠的狮子吃掉，惊奇不已，忙叫人把骑士放出来，问明情况。

国王问："为什么你没有被狮子吃掉？以前我放进狮笼里的囚犯，都是被狮子吃掉的，没有剩下任何东西。"

于是骑士便向国王说起自己医治了狮子的经历，国王听后觉得骑士并不是一个凶恶之人，便免去了对骑士的惩罚。故事中连凶残的狮子也懂得报恩的道理，人的本性就更是如此了。人总是怀有感恩之心，得到别人的好处，就会想办法还清。

当从别人那里得到好处，我们总觉得应该回报对方。如果一个人帮了我们一次忙，我们也会帮他一次，或者给他送礼品，或者请他吃饭。如果别人记住了我们的生日，并送我们礼品，我们也会对他这么做。

一旦受惠于人，就会总感觉亏欠了别人什么似的，如芒在背，浑身不自在，必须回报，才能让自己的心理重压获得解放，让自己的心灵获得自由，心安理得地生活。

我们可以有效地利用人的这种受了恩惠要回报的心理倾向，先主动给予对方一些好处，非常自然的好处，对方就会回报给你多得多的好处和方便。

在生活中，我们经常会见到这种现象：想找别人帮忙，就会先热情地带上一些礼品什么的送到他家里去，或者先请他吃饭，往往后面的事情就顺理成章，比较好办了。

"给予就会被给予，剥夺就会被剥夺。信任就会被信任，怀疑就会被怀疑。爱就会被爱，恨就会被恨。"人是三分理智、七分感情的动物。我们送出什么就会收回什么，给予什么就会得到什么。帮助的越多，得到的也就越多，自己越吝啬，也就越一无所有。

欲有所得，当先给予。在交际中，我们主动为他人提供某些信息，为他人介绍朋友，给他人提供一定的方便，他人通常也会回报给我们类似的或者多得多的信息、朋友和方便。

我们在生活中大可以牢记这一规则：如果你有求于人，不妨先给对方好处，让对方先占你的便宜，欠下你的人情，然后你再提出请求，这样即使事情有些让他为难，他也会因为要还你的情，而不好拒绝，那样你的目的就会达到。当然，我们要给他人好处，让他人欠下我们的人情，也要在适当的时间，适当的地点，用适当的方式进行。

恩威并重，打一打揉一揉

有的人吃软不吃硬，有的人吃硬不吃软。我们在办事过程中，为了达到某一目的，往往软硬兼施，就像吃饭一样，我们不可能选择单一的品种，往往吃面吃多了还会吃点儿米饭。人也一样，要使他人诚服，往往不是只用一种手段就能行的。

软硬兼施法又叫"大棒加胡萝卜"法，恩威并重这样才能做成事情。这一招在我国历史上并不少见。朱元璋史称"雄猜之主"，既野心勃勃又疑心重重，心地阴毒。他当上皇帝以后，将打天下时候的招贤纳士，任人唯贤的作风完全抛在脑后，整日想着维护他的皇帝权威。为此，想出种种卑劣的手段排除异己，残杀功臣。

李善长在跟着朱元璋打天下的过程中，立下了汗马功劳。开国之初，负责组织制定法律制度、宗庙礼仪，对国家的繁荣昌盛也是贡献不小，朱元璋称他为"功臣之首"，并且封为首任丞相。但是等到朱元璋的天下稳定下来，国富民安之后，对李善长的态度却开始大变。朱元璋总认为李善长居功自大，对他产生了猜忌之心。但是由于李善长功高望重，对他不敢轻举妄动，只是心里越加惶恐，于是便采取了一系列的大棒加胡萝卜政策，总是找机会寻找李善长的不是。与朱元璋共事多年的李善长自然知道朱元璋的心思。一连几天，李善长称病没有上朝，同时给朱元璋一个奏章，称自己年老体迈，提出归隐。李善长的奏章正合朱元璋的心意，于是毫不挽留地批准了李善长的请辞。削夺了李善长的权力以后，朱元璋大松了一口气，高枕无忧。但是也惹来了群臣的异议，他们感觉到朱元璋寡情毒辣，不得人心。为了笼络人心，安抚群臣，也为了平息李善长心中的不满，朱元璋把自己的女儿临安公主下嫁给李善长的儿子李祺为妻，这样李善长做不成朱元璋的臣子，但是做了国戚，使得群臣不再非议。

人在受到大棒的打击之后，感觉到疼痛是在所难免的，但是如果之后又得到了"胡萝卜"，那种痛苦的感觉便会消失，甚至会欢喜。很多领导也很懂得这一招，对于下属犯的错误既能听之任之，又不会批评得下属产生对抗的心理。好的领导往往会在给下属大棒以后，还会给出"胡萝卜"让其尝到甜头。

好的领导，在下属犯错又不愿意认错时，往往声色俱厉，使得下属不敢再犯。等到下属改正后，又会和颜悦色，并且对下属作出的成绩不失时机的表扬，这样的恩威并重的领导当不好领导是不可能的。

我们做事情也是一样的，也要用打一打，揉一揉的策略。

逼迫对方作出承诺

人在作出一个决定后，会找无数的理由说服自己，这就是承诺与行为一致原则。这是因为人一旦选择了某种立场，就会产生一种必须保持一致性的压力，这种压力迫使当事人产生与过去的作为相一致的想法与行动。我们在办事的过程中，就可以利用这种承诺原理，逼迫对方承诺，让他全力以赴做

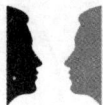

你想要做的事情。

承诺会给人带来压力，人的责任心越强，对自我形象越是关注和重视，这种压力就会越大。有压力他就会全力以赴去做事情。

这种压力也不单单是源于"自我"，它还跟承诺的事情有关，也跟承诺的对象有关。

无论是对他人的承诺，还是对自己的承诺，都是有压力的，而且，压力是一样的，因为"一诺千金"。不能因为面对的是他人，便严格约束自己，面对自己却不把承诺当承诺。对他人的承诺无力，无果，会影响人际关系，危害自我形象。对自己的承诺无力，无果，则解决不了问题，会影响自己的发展。所以人一旦承诺，就会为了兑现承诺而努力去达到目标。

玩具生意最火的时候是在圣诞节，在接下来的几个月里，玩具的销售往往会一落千丈。因为大人们刚刚花掉了给孩子买玩具的全部预算，所以会坚决地拒绝孩子们再买玩具的请求。即使是那些刚过完圣诞节就过生日的孩子们得到的玩具也很少，因为在圣诞节期间家长们已经把买玩具的钱都花光了。怎样既保持销售旺季的高销售量，而同时又能在接下去的几个月里保持顾客对玩具的正常需求呢？

说服小孩子不断向大人要玩具并不难，不论在什么时候，只要在动画节目里插播一系列超炫的广告就够了。所以问题不在于刺激孩子，让他们在圣诞节后索要更多的玩具，而在于如何让刚刚在节日里花了很多钱的父母们心甘情愿地为他们已经拥有太多玩具的小孩再买一件玩具。这看起来是不可能的。

但是有些玩具商做到了。

他们的做法是，在圣诞节之前，在动画节目中插播一系列某件玩具的广告。很多孩子看到后就会说，这就是他要得到的圣诞礼物。大人们通常都会答应。为什么不答应呢？反正圣诞节要给孩子买礼物。

然后，大人们去买这件玩具，但是会发现很多商店都断了货，都说已经订了货，但是不知道什么时候货才能到。但是圣诞节已经到了，于是大人们只好先给孩子买些别的玩具作补偿。

圣诞节过后，以前那件玩具的广告又重新出现了。这时孩子又开始嚷嚷了：那是我要的圣诞礼物！你答应过的，你还没有给我买！于是，大人们为了履行诺言，只好跑到玩具店里去买了。不用问，这时每一个商店一定是货源充足。

这就是这些公司的天才计划。他们故意先播出广告，等待家长的承诺，却不充分供应玩具，家长们只好先买其他玩具代替。在圣诞节后广告重新出现，孩子们看到后就更想要了。为了使自己的承诺保持一致，家长们只好再次掏出腰包。

如果一个人作出了承诺，而且这个承诺是积极的、公开的、经过自身努力作出的，并且是他自由选择的结果，那么，他将会有一种维持这个承诺或者立场的压力，因为他想在别人眼里以及自己的心里显得前后一致。

通常企业的管理层会让员工说出他们在一个月内实现的目标，并且时不时提醒，甚至有的用书面形式写下来。这样不断强化其行为目标，使员工无形中产生了既然我写了要做到什么，而且大家也知道我写了，那么我就必须做到的压力。这都是利用承诺和行为一致的原理达成目标的方法。

当我们认识到承诺和行为一致原理对人类行为的巨大影响力时，就会自然而然地想到一个很重要也很实际的问题：如何去利用这一原理？其实，如果你能够让一个人作出承诺，你也就为他下一步机械地、无意识地保持与承诺一致的行为准备好了舞台。一旦选择了某种立场，固执地坚持这个立场就是一种自然趋势。所以，我们在要求他人办事时，可以想方设法让他人作出承诺，只要作出了承诺，那离实现你的目标也就很近了。

攻心话术　说话有逻辑，有顺序

　　说话切忌含糊不清、思绪混乱、颠三倒四、前后矛盾、互相抵触，这样说话的人毫无疑义不能正确表达自己的观点，开展良性的沟通，赢得宽松的人际关系。

　　为了使我们的语言能够更好地表达出我们的本来意思或者思想，我们在说话的时候应力求言之有序，条理分明。说话有条有理，不颠三倒四，不丢三落四，按照一定的逻辑顺序把事情、道理说清楚，体现说话人思路的清晰。它还要求说话者观点明确，前后一致，说理严密，合乎逻辑。这个逻辑就是说话人要共同遵守的说理规则。下面介绍两种说理的逻辑方法：

1. 类比法

　　这是一种根据两类事物某些属性的相同或相似，推断出它们其他属性也可能相同或相似的逻辑方法。运用这种方法说理，有助于听话人触类旁通地明白事理。例如，老作家秦牧在《试谈积累知识和描绘事物》中的一段话："最后谈谈基本功的问题。基本功对于拿笔杆子的人很重要。不练是不行的。俗话说：'拳不离手，曲不离口。'绘画的人常画，唱歌的人常唱，而搞文字的人怎么可以几个月不写东西呢？"把写作和绘画、唱歌类比，它们都属于文艺创作的范围，具有相同的基本属性，且通俗易懂，有说服力。但是要注意不要机械类比，就是不要把事物间的偶然相同或相似作为论据，或者是把表面上有些相似，而实质上完全不同的事物进行类比，从而推出一个荒谬的或毫不相干的结论。

2. 反证法

　　中国成语中有一个"自相矛盾"的故事。有一个人同时贩卖矛与盾，他向买家吹嘘他的矛是"无坚不摧"的，盾呢，是刀枪不入的。于是，有人马上提议用"以子之矛，攻子之盾"来验证一下他的宣传是否可靠，这人当场哑口无言。这就是反证法的具体运用。有时对某个道理或问题，不容易从正面解释或反驳，不妨就换个说理方法，通过论证与此相反的论题的正确与否，来反面说明问题的是非曲直。

为了让我们说话更加具有说服力，不如学习一些简单的逻辑方法，除了以上介绍的两种，还有两难逻辑、归谬法等。

有的人说起话来，总是拖拖拉拉，含糊不清。特别是当一个人叙述自己的亲身经历的时候，更容易因为特别兴奋，巴不得把所见所闻全盘托出，结果却叫人听起来非常吃力。究其原因，是因为思绪混乱，缺乏逻辑。因此，我们在叙说事理的时候，最重要的是层次清晰，条理合乎逻辑。在交谈以前，应当先在脑子里将所要讲的事情好好地整理一下，分成几个清楚明确的段落，摒除一些不大重要的细节。这样开始说话时，就会有条不紊，从而是能够清晰顺畅地阐述自己的观点，达成自己的愿望。

第十三章
这样说话别人愿意与你合作

用发脾气的方式巧妙施压

适当发发脾气，有时很有效。脾气不能乱发，要发得理直气壮，让得寸进尺的人懂得后退；要发得合情合理，让忍受你脾气的人意识到自己错了，那么你的脾气就发对了。偶尔发发脾气，往往会使对方产生畏惧心理，从而顺从你的意思去做事。

你也许会在某个商场看到这样的场景，有时会有顾客冲着服务人员就其所卖出的货物的质量或因别的原因而大发雷霆。此时服务人员往往就着问题试图进行解释，可是买主根本不会听，继续大吵大闹，而通常这种事情的结局都是卖方为求息事宁人，不得不按照买主想要的方式解决问题。

可以说，有时发发脾气会对你成事起到积极的促进作用。说话其实就是一种智慧和心理的较量。当双方对某事产生一些分歧时，在双方都不愿妥协的情况下，不妨用发脾气的方式让对方产生压迫感和畏惧，给对方一种压力，使对手决定重新调整自己的利益，作出一定程度的让步。因此，巧妙地向对手施压常常成为逼迫对手妥协的一个重要方法。

有一对姐妹感情很好，但姐姐有个坏毛病——经常迟到，让妹妹有些受不了。平常相约逛街，一起参加聚会，姐姐从不守时，妹妹发发牢骚，姐姐一笑了之，然后毛病依然不改。一次，妹妹的腿被车撞了，打上石膏在家休养，每周需要姐姐陪着去一次医院，检查、换药。第一次去医院，姐姐迟到了10分钟，妹妹有些不高兴，姐姐道了歉也就算了。第二次去医院，妹妹耐着性子等了20分钟仍不见姐姐的踪影，就拖着病腿一步一步挨到楼下去等，又等了足足有20分钟。炎炎烈日之下，腿上打着石膏的妹妹终于忍无可忍，一个人打的去了医院。等妹妹在医院换完药，检查完之后，姐姐才满头大汗地跑来，嘴里不住地说着对不起。此时妹妹的愤怒已达到了顶点，站在医院里对着姐姐大发雷霆，甚至狠下心来说："以后有事我宁愿去求邻居帮忙也不再麻烦你了。"然后一个人一瘸一拐地离开了，丢下张大嘴巴的姐姐。经过这番闹腾，奇迹出现了，从此以后，姐姐再没迟到过，持续十几年的毛病一下子彻底地改掉了。

一个女孩的办公室里有一个男同事经常讲下流话，其他男同事和中年妇女还能和他对付一阵，吃不着大亏，而这位女孩是办公室里唯一一位未婚女孩，很多话听不入耳也说不出口，所以屡屡被他占便宜，很是苦恼。一次，这位男同事又对她说了下流话，她保持沉默，一句都不说，板起面孔装没听见。男同事便问她，怎么不和我说话了，我哪得罪你了？在他不停地追问下，这位女孩终于逮着一个人多的机会，大声地回答他：你给我闭上你那张臭嘴！自那以后，那位男同事收敛了很多，也客气多了。

在社交中发脾气也是一门艺术，如果脾气发得好，可以对你的交际有所帮助。不过关键是要看发脾气是你有意使用的方法，还是真的被对手激怒了。假如是前者，对方会作出一定的退让，假如是后者，则会让自己失利，因为当一个人在情绪上处在太过激动的情况下时，会丧失理智和判断力，从而作出在清醒状态下根本不会做的事，而这正中了有意激怒你的人的计。这样的发脾气对你而言就是得不偿失的。

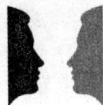

脾气就像狼来了，经常喊就不灵了，脾气又像一杯烈酒，一辈子不喝总少点痛快。大千世界，平衡是永恒的法则，人与人相处最需要的也是平衡。互相尊重，互相关心，互相帮助，互相学习，好像跷跷板，平衡平等地运动，两个人才能都感到和睦快乐。有时，脾气也可以成为天秤上的平衡砝码，让有些倾斜的天秤重回正常状态。

必须要用理性来控制发脾气的度。采用这种方法时要注意两点：首先，你的脾气要强到让对手知道你的决心不能动摇；其次，发脾气时要注意观察对方，看对方的承受能力如何，发脾气要控制在对方能承受的范围内，否则可能会适得其反。

不能直说就让嘴巴拐个弯

我们很多时候会处在这样一种情形之中，对一件事情碍于面子，往往很难直接说出口，但是我们如果不说，自己又会有损失。我们面对如此尴尬的情况如何做最好呢？我们可以试试旁敲侧击的方法，既不会伤了别人的面子，也不使自己的利益受损。

上海的秦女士在展销大厅里选中一件银灰色毛衫，算账时发现钱带的不够，正巧她的同事马小姐也在附近的人群里买衣服，秦女士便从马小姐手里借去50元。一个多月过去了，秦女士没还马小姐那笔钱，也只字未提。显然，她是将这档子事给忘在脑后了。

马小姐当然不好意思开口要。不要了吧，心里还偏有点放不下，这钱是秦女士借了又忘了，那就无异于是打了水漂儿。总之，马小姐心里不平衡。

踌躇再三，马小姐仍不想放弃，于是决定采取旁敲侧击的方法，想让秦女士自己记起这笔小小的债务。能够这样解决问题，彼此都不失面子。

后来有一回，马小姐干脆装作要去买什么东西而手头没带钱，便向科室里的同事们借。马小姐想，不能朝秦女士借钱，如果朝秦女士也借50元，她一定会痛快借，可过后还不还？不还了？但她借了自己的钱给忘了，自己借了她的钱她未必会忘。如果她也一直牵挂着这事，又不好意思开口朝自己要，岂不等于两个人互换角色又上演一幕滑稽剧？基于这些考虑，马小姐装样子向另外一位同事借了50元钱。次日便如数归还了人家。归还之后，马小姐又别有用心地扫视一下全科室人员，煞有介事地说道："诸位都想想，我还借过谁的钱没有？要是借了，您最好提个醒儿，我这人好忘事。"众人听罢都没言语，这时秦女士才记起自己借钱的事情来，慌忙说道，上次在展销会上借你的钱还没有给你呢，真是不好意思，要不是你这么说，我真的就忘记了。马小姐也道，你不说我也忘了呢！没关系的，就50元而已，又没有多少。

马女士并不直接催问秦女士还钱，而是从旁边加以提点，既不伤面子，又维护了自己的利益。如果马女士直言不讳地向秦女士催问的话，虽然钱能够到手，但是秦女士心理肯定也是不舒服的，这也很有可能影响两人今后的关系。

我们在与人相处之中，对于不好直言的事情不妨采取旁敲侧击的方法，以顾全大家的面子的方式解决问题，这才是上上之策。

人的性情有许多种，如果让人们进行选择的话，大家肯定都会喜欢那些性情豪爽、喜欢讲真话、讲原则的人，而不喜欢那些说话拐弯抹角、含蓄不露的人，因为有些人会认为后者为人不诚实，爱耍心眼。可是在现实生活中，那些说话直来直去的人，他们的处境又如何呢？

有些领导为一己私利会做一些违背政策、规定和原则的事情。性情豪爽且喜欢直言的人对这些事情看不惯，没有深思熟虑，便仅凭自己的一腔正义

就直接到上级领导那去反映情况或提出意见。领导听了之后，口头上会表示赞同并大大地表扬一番，其实领导的内心是非常反感的，领导会把此人看做是爱给上级提意见、不尊重领导的人，同时还会认为这样的人不照上级意思办事，是不听话、不服从领导的人。那么在以后的工作中，无论这样的人能力有多强、水平有多高、经验有多丰富，领导都不会愿意重用的。

又如，在你与同事共事时，一遇上自己看不惯的人和事就直言相告，有什么说什么，就会使同事心里不自在，最终使双方产生误解或是隔阂，而把自己的人际关系弄得很紧张。

但是，在这里并不是否定"直言"。"方圆"处世哲学认为，直爽并不等于言语毫无顾忌，只图一时之快，不讲方式、方法。直言就像一把双刃剑，有时是真诚的标志，有时容易给人带来麻烦。在你日常的说话办事过程中，应该正确使用"直言"，让"直言"变害为利。

在与人日常交往中，有些时候，话是不能说得太直太露骨的。不经考虑就单刀直入、话锋犀利、措辞激烈，并不能显示自己的高明，这样除了会让对方觉得颜面扫地，下不来台之外，还会让对方在心里对你产生一定的愤恨。聪明的人在批评他人或给予他人意见的时候，是不会直接切入把话说得太露骨的，而是换一种说法，含蓄且点到为止，不仅给对方留足了面子，留下了余地，而且使对方在采纳建议的同时，还会心存感激之情。

虚张声势，抬高身价

有排场，气派大往往会给他人造成压倒之势。虚张声势没什么不好，只要不是虚张得让别人觉得自己张狂，往往没有什么成本便能达到理想的效果。

　　饭店或是商场开业，往往会营造很大的声势，有的是噼里啪啦放一阵鞭炮，有的甚至请了演出团队来助兴。商家之所以花这些钱，多是为了营造一种气势，希望让他人知道自己的饭店或是商场开业。虚张声势的目的主要为了让他人知道自己，知道自己想让别人知道的东西。

　　男的都喜欢表现自己很有钱，于是现在的男人的钱包里面都插满了各大银行卡，他们的卡里并非有很多钱，往往只是为了给自己造声势，满足一下自己的虚荣心而已，他想让周围的人尤其是女人对他刮目看罢了。有时候他们会问店员可不可以刷卡，甚至会问可以刷哪个银行的卡？这样做就是一种宣扬，是一种自抬身价的行为。往往有很多人对他们投去羡慕的眼光，很多女人也愿意送去秋波。

　　警察在审问一个嫌疑犯时，对方肯定是先矢口否认，警察便作出愤怒的样子，猛力拍打桌子，时而用脚去踢椅子，那嫌疑犯在惊慌之中，便招供了。在美国电影中，我们经常看到黑社会分子对勒索对象表演一种凶恶姿态。有个家伙一脚将商店的柜台踢翻，虽然他没有触及老板的身体，可老板早已吓得魂飞魄散，乖乖交出被勒索的钱财。这是一种利用恐怖气氛逼迫对方就范的办法。利用人类最原始性的暴力手段，效用很大。人们对暴力行为向来害怕，一旦遇到这种情况，就会惊慌不知所措。在理性和感情处于混乱的情形，最能发挥威力的往往是威胁的力量。西方的政治家和商人都很擅长这种"敲山震虎术"。

　　我们要抬高自己的身份，除了借助旁物外，在说话上面营造声势，也能取得这样的效果。很多时候我们想要在别人面前为自己树立一个精明能干、知识渊博的形象，不妨在说话的时候加点专有名词，要知道偶尔加入一两个专业名词，便能实现这样的飞跃。在与他人谈论某方面问题的时候，我们如果能准确无误地运用一两个专业名词，常常能引起令他人刮目相看的效果。

　　这点在专业的销售人员之中常常运用的到。不管是在为顾客做讲解时，还是直接推销时，在推销的过程中加入一两个与这个产品有关的专业名词，不管顾客听得懂还是听不懂，都能起到积极的效果，为什么呢？当顾客听不懂的时候，他们就会着急想要明白那个专业名词到底是什么，从而激发他们的兴趣；如果大多数人知道这些专业名词就更好了，因为这样可以增加销售人员的可信度。

　　但是我们在引用的时候应该注意方法，免得"偷鸡不成蚀把米"，反而显得自己无知。

　　首先，我们应该做到自己理解那些专业名词，只有自己理解了才不至于用错地方引发尴尬。

　　其次，就是对于这些专业名词的准确性一定要把握好，不要一个名词中念错好几个字，这样就显得我们太无知了。

　　再次，引用一两个就好。这样做一是避免出错，二是避免我们谈得太多，专业性太强的话，会让他人失去谈话的兴趣。

　　最后，我们应该抱着一种谦虚的态度谈论这些专业名词，避免给人留下"清高"的印象。

在言语中流露出期待

　　期待成就梦想，热切的期望能使被期望者达到期望者的要求。我们只有相信事情会朝着好的方面发展，它才会朝着好的方面发展，这就是心理暗示的力量。

　　哈佛大学的罗森塔尔博士曾在加州一所学校做了一个有名的实验。

新学期刚开始，该校的校长就对两位老师说："根据过去三四年来的教学效果显示，你们两位是本校最好的老师。为了奖励你们，今年学校特地从全校挑选了一些最聪明的学生给你们教。记住，这些学生的智商比同龄的孩子都要高。"

校长热忱地凝视着他们，再三叮咛："要像平常一样教他们，不要让孩子或家长知道他们是被特意挑选出来的。"

这两位老师非常高兴，感到自己受到了特别的对待和重视，感受到校长对自己的殷切期望和信任，从此，更加努力教学了。

他们在教学过程中，不自觉地流露出对学生的信任、热情和期望，学生也从老师的眼神和言谈举止中，接收到这种暗示的信息，感到自己就是与众不同的，就是天才，就是英雄，就是智商高，最主要的是感到了老师的期待。

结果一年之后，这两个班级的学生成绩是全校中最优秀的，甚至比其他班学生的分数值高出好几倍。

知道结果后，校长不好意思地告诉这两位教师真相：他们所教的这些学生的智商并不比别的学生高。

这两位老师哪里会料到事情是这样的，只得庆幸是自己教得好罢了。

随后，校长又告诉他们另一个真相：他们两个也不是本校最好的教师，而是在教师中随机抽出来的。

正是学校对老师的期待，老师对学生的期待，才使老师和学生都产生了一种努力改变自我、完善自我的进步动力。

这种企盼将美好的愿望变成现实的心理表明：每一个人都有可能成功，但是能不能成功，取决于周围的人能不能像对待成功人士那样爱他、期望他、教育他。

当我们希望别人成为我们希望的人时，就应该给他传递积极的信息，告

诉他可以成为这样的人。当他有了天才的感觉，他就会成为天才，当他有了英雄的感觉，他就会成为英雄。

作为老师和家长，如果希望孩子变得更好，就要尽量鼓励他们，夸奖他们，告诉他们能行。在你的热切期待中，他们能发生翻天覆地的变化。

如果总是批评他们，暗示他们"马尾穿豆腐——提不起来""朽木不可雕"，那他们就会觉得自己真的不行，就会自暴自弃，不求进取，就真的会堕落下去了。

古人说"用人不疑"。任用别人，就应该相信别人的能力，给别人传达一种积极的期望。要想使你的员工发展更好，作为一个好的管理者就应该给他传递积极的期望。当然，如果一个管理者认为自己的下属都是饭桶，一无是处，并经常批评指责自己的下属，那么他的下属也可能真的变得一无是处，成为公司的负债资本。

欣赏引导成功，抱怨导致失败。让对方感受到你的欣赏期待，他会按照你的意愿而变化，成为你期待中的人。

夫妻双方在结婚前想象自己的另一半应该是什么样什么样，但是结了婚才发现对方还是个"毛坯"，离自己理想中的标准还有相当的距离。那怎样才能把对方改造成"成品"，成为适合婚姻的成熟的丈夫或妻子呢？

最好的方法不是批评和指责，而是暗示，用自己的期望去左右对方。鼓励对方做你希望他（她）做的事，当他（她）做到了，你就说他（她）做得太好了，真是个好老公（老婆）。天长日久，他（她）就被你改造过来了。

总之，你不能要求对方一开始就什么都懂，毕竟人们都是在不断学习，从而不断进步和成熟起来的。最重要的就是把自己的期望让对方知道，并让对方感到你相信他（她）可以做到。

运用选择的方式提问

我们与人交往、办事的时候，应该积极地运用选择式的提问，在提问的问题里将我们想要达到的最好的效果与最差的效果相互穿插，迫使对方下意识的选择其中一种，而后醒悟过来的时候已经无从修改了。

世界上没有一个人喜欢被别人强迫着去做事或是被迫接受他人的意见，大多数人都喜欢按照自己的思维方式做事。同样的，如果与自己意见有出入的人主动来征求自己的建议或想法，那么，自己往往是很乐于接受的。

韦森是一家服装图样设计公司的销售员，他每周都会抽出一天时间去找著名的设计大师，希望对方接纳他们公司设计的图纸。就这样，一连持续了3年之久，著名的设计师就是不买他们的图纸，但是每次又都不拒绝看他提供的图纸。

经过150次的失败后，韦森决定改变策略，抛弃墨守成规的销售方式，转而研究人际关系学，每星期专门利用一个晚上的时间学习，以帮助自己获得一些新思想。不久之后，韦森便采取了一种新的推销方式，他拿着几张设计师们尚未设计好的图纸，走进了那些买主的办公室。与以前不同的是，他没有一再恳求或说服对方购买他的图纸，而是请求设计大师们对图纸提出一些意见或是建议。设计师们同意了韦森的要求，并让他3天之后来取图纸。

3天之后，韦森到大师那里听取了意见，然后按照他们的想法将其完成。自然地，这笔交易就成功地达成了。自从这笔生意谈成以后，这位买主又在韦森那定制了10幅图纸，无一例外都是按照买主的要求制定的。就这样，韦森赚取了1 600多美元的佣金。

分析前后截然不同的销售成果，可以得知，韦森之前失败的原因在于——他总是强迫设计师购买他认为对方需要的图纸。可是后来韦森的销售

方式却与过去完全不一样,他先请对方对图纸提出建议,这样就会让对方觉得设计方案是自己选择的。通常情况下没有人会对自己选择的提议给予否定的,这样即使韦森先生不主动要求对方购买,对方也会主动来购买的。

长岛汽车商也是运用了同样的方法,成功地销售出一辆旧汽车。对方是一对很挑剔的苏格兰夫妇,以前汽车商在为他们服务时,他们总是意见很多,不是嫌弃辆车不好就是嫌车价太高。

同行都建议长岛汽车商放弃这单生意,但是他却没有这样做。他左思右想,觉得对付这种意志不坚定的人的最好方式就是让他自己来选择。

几天之后,一位客人想出售自己的旧汽车,然后换一辆新车。此时,这位销售商想起这对苏格兰夫妇,就打电话请他们来,说是有个问题想请教他们。对方接完电话之后,乐呵呵地向汽车商的公司走来。

当苏格兰夫妇驾驶旧汽车走了一圈之后,建议汽车商以 30 000 美元买进这部车子。于是,汽车商问苏格兰夫妇,愿意花 30 000 美元钱购买这部车吗?苏格兰夫妇当然愿意,因为意见是他们提出的,他们当然不会搬石头砸自己的脚,就这样一笔生意谈成了。

在很多情况下,人的脑中有一种下意识,这种下意识决定了一种随意性。尤其在对于一些选择性的问题上,他会说出两者中自己比较感兴趣的东西,而屏蔽不喜欢的那个,很多商家就是很好地利用了这一特点来增加利润的。

我们在早点摊上吃早点的时候,当我们要齐了自己想要吃的早点之后,倘若店主或者售货员看到我们没买茶叶蛋时,一般会问:"你还要茶叶蛋吗?"而聪明的或者说懂得我们所说的那种下意识的话,就会这样问了:"您是要一个茶叶蛋还是两个?"不难想象,哪种问法下茶叶蛋的销售量会更高一些。

采用第二种问法,立刻将销售的重点由"要不要"的问题转变到了"要几个"的问题。一下子就将问题的性质改变了,这就是一个销售"陷阱",让那些反应不够灵活或者好面子的人自己主动往里跳的一个语言"陷阱"。

这个陷阱的巧妙之处就在于运用了选择的方式提问，让人不易反应过来。这样一来，即便对方会选择那个我们最不满意的，那我们也能够达到最低效果，从而在交往中占得先机。

人都喜欢按照自己的思维方式去做事情，这是一种心理需求。如果你想让他人为你做事情，你不妨让他自己选择做事方式，明处是他自己选择，实际上是你强迫他选择。每个人都有自己的思维方式和既定立场，为了维护自己的尊严或面子，都不希望被对方牵着鼻子走。所以要想说服对方，就要让对方认为建议是他自己想出来的，这样他就能接受你的想法。

攻心话术　给人忠告的三大要点

很多人因为忠言逆耳，面对别人出现的错误宁愿三缄其口，也不愿吐一个能够劝告别人的字，虽然他（她）因此从未得罪过生活在他身边的人，但他（她）却无疑失去了很多很好的交朋友的机会。

忠告对于帮助他人和建立真诚的人际关系，起着难以替代的重要作用。不能给予他人忠告的人不是真诚的人，这种人不能将自己的真实感受忠告于对方，也就无法得到对方的关爱。因此，我们应该欢迎忠告，更应该给人以忠告。

1. 谨慎行事

忠告是为了对方的，为对方好是根本出发点，这也是忠告的第一个要素。因此，要让对方明白你的一番好意，就必须谨慎行事，不可疏忽大意，随便草率。

此外，讲话时态度一定要谦和诚恳，用语不能激烈，也不必过于委婉，否则对方就会产生你教训他或者你假惺惺的反感情绪。

2. 选择时机

选择适当的场合和时机，是忠告的第二个要素。

例如，当部下尽了最大努力而事情最终没有办好时，此时最好不要向他们提出忠告。如果你这时不适时宜地说"如果不那样就不致这么糟了"之类的话，即使你指出了问题的要害且很在理，但部下心里却会顿生"你他妈没看见我已拼出死命了吗？"的反感，效果当然就不会好了。相反，如果此时你能先说几句"辛苦你了""你已做了最大的努力""这事的确比较难办"之类的安慰话，然后再与部下一起分析失败的原因，最终部下是会欣然接受你的忠告的。除此之外，在什么场合提出忠告也很重要。原则上讲，提出忠告时，最好以一对一，避开耳目，千万不要当着他人的面向对方提出忠告。因为这样做，对方会受自尊心驱使而产生抵触情绪。

3. 切勿比较

忠告的第三个要素，就是不要以事与事、人与人比较的方式提出忠告。因为此时的比较，往往是拿别人的长比对方的短，这样很容易伤害对方的自尊心。

例如，"我说二强呀，你看隔壁家的小正多有礼貌，多乖啊！你和小正同年生，可你还比他大两个月哩，你要好好向他学习，做个好孩子哟！"一位母亲这么忠告自己的儿子。

"哼，嘴里整天是小正这也好那也好，干脆让他做你的亲生儿子算了！"儿子的自尊心受到伤害，母亲的忠告效果是适得其反的。

再如，"我说，你看王太太哪天不是整整齐齐的，而你总是不修边幅，你就不能学学人家的优点吗？"丈夫对不整洁的妻子提出了忠告。

"学学人家？你有人家丈夫赚得多吗？你有了钱，难道我还不会打扮？"

虽然妻子明明知道自己的弱点，但出于自尊心，她没好气地回敬丈夫，丈夫的忠告失败了。

会说话，全世界就是你的

——职场工作攻心话术

说话心理学——

在职场上总有这样一类人，他们有令人羡慕的天赋与才华，却总是在碌碌无为的工作中焦灼不安。他们就像千里马，总遇不到真正赏识自己的伯乐，空有满腹经纶，只能无奈于"知音少，弦断有谁听"。很多人认为：只要有能力就可以在职场中立足；只要勤奋、努力就有机会获得升迁。但实际情况并不是很多人想象的那样，仅有努力和勤奋并不能让你在职场中立于不败之地，你还要会说话。职场上能够伶牙俐齿，全世界都会是你的。

第十四章
这样说话领导最信任

摸透领导的性情爱好

和领导说话，先要摸清领导的性情爱好。要对领导的背景、工作习惯、奋斗目标及个人的兴趣爱好有所了解。这不完全是为了讨好对方，而是要明白你该说、该做什么，不会因不明就里而有所闪失。

某私企里，一个能力、业绩都很不错的经理突然被老板辞退了。这个经理很是恼火，跑去找老板理论，结果发现老板其实也是一肚子苦水。原来这个企业是个家族型企业，老板的好几个亲戚在企业里担任了一些重要的或不太重要的职位。这个经理前段时间推行了一套全员绩效考核制度，员工的工作效率确实得到了提高。但此举触犯了这些人的既得利益，特别是一些看似身居闲职却很有背景的人。老板直言，辞退他也是迫于压力，实在是无奈之举。

在抱怨老板没原则、没底线的同时，一个出色的职业经理人，首先会反思自己是否真的摸清了老板的底线。老板也是人，而且往往是压力比你更大的那个人，很多时候身为老板要考虑很多你也许并不考虑的问题，而且作为一个人他也有自己的脾气、喜好，这一切并不见得都是以企业发展进步为核心的。

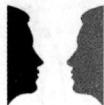

没有底线的老板是可怕的，但无法识别出老板心理底线的职业经理人是可悲的。所以作为一名成熟的职业经理人，要学会主动积极地去分析、了解和探知老板的行事风格、性情爱好和心理底线，这样，一方面可以让自己在作决策的时候更有把握，更重要的一方面则是，能正确判断自己是否真正找到了能与之共同干事业的同"道"中人。这直接决定着在这个企业里，两者的合作道路能走多远。要始终记住老板也是人，也有七情六欲。如果你动了他灵魂深处那根脆弱、敏感的情感神经，或者让他陷于什么纠缠不清的麻烦，他就保不准只好动你的位子了。尊重老板的情感，获得老板的认同，事实上也就获得了个人成功的最大推动力。

每个人都有自己的性格脾气；每个领导都有自己的领导方式；每一种不同类型的上司，也有自己不同的处事风格。摸透他们的性情爱好、处事风格，你就能在领导面前应对自如。

1. 沉默型上司

你得学会从他的只言片语中找到他的要求，以及他对你的评价。这就要求你在平时的工作中"少说话，多做事"。

2. 挑刺型上司

这样的上司，很难让他说一个"好"字，而且就算你尽力了，并自我感觉良好，但他还是会随时提出一点小缺点来。在他眼中，没有更好，只有最好。和这种上司相处，你得力求完美，完美，更完美。但事实上这是很不现实的，所以你在向他汇报一项工作的时候，尽量让他知道，这项工作是在他的带领之下完成的，有什么指示，一定会按他的意思去办。

3. 固执型上司

在这种类型的上司手下做事，请记住一条，他发脾气的时候千万别吱声。等他说完了，你再说："我一定照您的要求去办。"

4. 直爽型上司

能同这种上司相处，算是比较幸运的，因为原则上这类上司一般不会给你小鞋穿。如果他认为你做得不对，一般他会随时提出来。所以，你在尽力完成本职工作的时候，一般不需要花时间去猜测上司是怎么样一个人，你该如何去做。

5. 鼓励型上司

这种上司心胸一般很宽阔，就算是你一不小心犯了个小错误，他也会原谅你。而且他还会适时地对你说："年轻人，慢慢来。"如果哪次你做得还可以，他会说："不错！"

6. 笑里藏刀型的上司

同这类上司相处，是一件非常令人头疼的事情。你除了小心翼翼做好他所交代的事情外，还得留意他微笑背后的另一种含义。如果他说你"不错"，你可要当心。当然，这种上司还是很少的。

7. 爱大声嚷嚷的上司

做这种上司的下属，必须要在他交代什么时候完成、怎么完成、要达到什么效果的时候，努力记好他所说的每一个字。如果你一不留神犯了错，他会让全公司的人都知道你的办事能力如何如何……当然，你工作出色，他也乐于充当"播报员"的角色。因此，对付这种上司，就是让自己的工作做得很出色。所以，你一定要努力。

8. 与你称兄道弟的上司

这种上司的口头禅是"兄弟归兄弟，工作是工作"。因此，你可以在工作之外的地方揣摩他的想法。但当你在工作中真正犯了一些错的时候，他还是会帮忙解围的。除非，他那句话是真的界限分明。

9. 吹毛求疵型的上司

这类上司认为下属做得好是天经地义的，做得不好是十恶不赦的，在他的心中，永没有失败两字。面对这种对下属缺乏体谅的上司，你不可抱太大

的希望，因为你只有不出错才能站得住脚。你要成为核心人物，这才会使他注意你。

带着自信大方亲近老板

在现代办公室里，许多非常优秀的员工并没有得到老板的赏识，其主要原因是与老板过于疏远，没有找到合适的机会向老板表现和推销自己，没有把自己的能力和才华介绍给自己的老板。

有些人到一家公司上班几年了，老板对这个人都没有什么太深的印象，这往往是因为他们对老板有距离感甚至是有恐惧感导致的。他们见了老板噤若寒蝉，一举一动要么不自然，要么遇上老板就躲开，或者装作没有看到。这样消极地与老板相处，尤其在大公司里，老板又怎么可能留意到你呢？

要想得到老板的赏识，就需要平日多与老板接触和沟通，懂得主动争取每一个机会。事实证明，很多与老板匆匆一遇的场合，可能决定你的未来。

比如，在电梯间、走廊上，或者是吃工作餐时，遇见你的老板，你要主动迎上去并微笑着闲谈几句，或者说几句工作上的事。千万不要像其他同事那样，极力避免让老板看见，即使与老板擦肩而过也一言不发。

如果你自信地主动与老板打招呼，主动与老板交谈，你大方、自信的形象，会在老板心中留下印象。

有一个员工，工作非常出色，为人老实正直，只知道埋头苦干，缺乏与老板的沟通，因此他几乎不在老板的视线之内出现。

有一次，公司举行联欢会，老板的兴致很好，很快加入到了他们中间，这位员工见到老板，一举一动就不自然起来，没过多久就逃出老板的视线，独自坐在一个角落里喝饮料。不知为什么，他好像天生就有畏惧老板的毛病。在走廊上、电梯间或在餐厅里，遇到老板，他都不是主动打招呼，而是迅速离去。即使自己的主管不在，老板找到他们的部门来，他也缩在一旁，一概装作不知，由其他同事应对了事。这样一来，他和老板的距离越来越远，甚至产生了隔膜，他给老板唯一的印象就是怕事和不主动。老板怎么会把升职的机会给一个不敢和自己说话的人呢？

不主动与老板交往，是一种对自己的前程和发展不负责的态度。一个不出现在老板视线范围内的员工，根本就没有担当重任的机会，又何谈成功呢？

人与人之间的好感是通过实际接触和沟通建立起来的。一个员工，只有主动与老板面对面地接触，让自己真实地展现在老板面前，才能让老板充分认识到你的才能，你才会有被赏识的机会。

刚毕业的陈娜和另外七八个年轻人一同被一家正向集团化迈进、急需大批新生骨干力量的公司聘用。为了表示对这批"新鲜血液"的厚望和鼓励，老板决定单独宴请他们。

酒店离公司不远，新人们三三两两结伴而行，唯独将老板抛在了一边。陈娜看在眼里，不禁替老板尴尬。进入酒店落座之前，陈娜借故先去了趟洗手间。回来一看，果然不出她所料，同事们或正襟危坐、谨口慎言，或低头相互私语窃笑，不仅没人上前跟老板搭话，更将老板左右两边的座位空了出来。看见老板勉强挤出笑容的样子，陈娜赶紧说："我建议咱们都往一起凑凑吧！"说完，便很自然地坐在了老板左边的座位上，并对老板投来的赞许目光报以会心一笑。

怎么样，陈娜的做法聪明吧！相信就是再尖酸的人也没道理指责她在"拍马屁"了。本来这次老板就是想和新员工亲近一下，说不定还想借此发掘人才呢！可多数腼腆木讷的年轻人却辜负了老板的美意，把他晾在一边，他能高兴吗？其余的人可能也想在老板面前好好表现，但就是碍于脸面，怕别人

说是"马屁精"才退缩的。

一个不能主动为自己争取机会的人，如果被提升，将来管理公司、面对客户或参加为公司争取利益的谈判时怎么能有魄力和手段呢？如果换成你是老板，你会提拔这样的人吗？

那次晚宴，陈娜给老板留下了非常好的印象，但毕竟只是一次饭局，何况陈娜初进公司，还只是一只"菜鸟"，她实在没有更多的机会接触老板。俗话说："做事不看东，累死也无功。"

要是没有老板的赞赏和支持，就算拼死拼命地干，要想超越上面层层"屏障"，也实在是太难、太慢了。陈娜是个肯干会干的人，她知道只有自己制造机会才能接近老板。经过努力，陈娜不止一次地在电梯里与老板"不期而遇"。有备而来的陈娜没有像其他人一样硬着头皮和老板没话找话，而是笑吟吟地和老板打着招呼。要是老板问她最近工作如何，她回答得有条不紊。但大多时候老板都会和她聊一些轻松休闲的话题，陈娜总是表现得很健谈，而且还了解了好多老板的个人爱好，更以此加深了老板对她的印象。

聪明的老板是愿意给员工留下一个和蔼可亲的印象的，他也希望员工对他亲近追捧。可因为自卑心和恐惧心在作祟，许多人见到老板都避之唯恐不及，何况是在几尺见方的电梯里呢？殊不知老板面对一个拘谨无措、憋得脸红脖子粗的人，也会觉得尴尬呀！

所以，你根本不用害怕没话说，因为在这种场合下，老板为了打消你的顾虑是会主动和你交谈的，你只要把这当做是一次亲近老板的机会，别战战兢兢的就行了。

也许你会觉得陈娜太有心计了，但她的心计是摆在桌面上的，是充满智慧的，对自己的职业发展大有好处。老板也是人，也需要在业余时间轻松一下，那些见到老板就像老鼠见到猫，总想绕道走的人，只会与机遇擦肩而过。

对于陌生的环境，我们常以沉默拘谨应对，远离同事，尤其是远离上司，这种做法是不利于个人才能发挥的。如果换个角度思考，能经常有意无意地亲近老板，让他记住你，让他了解你的意见和想法，你才有可能收获意外的惊喜。

谈吐优雅举止有风度

风度是一个摆在人们面前的现实问题。伊莎贝拉曾经说过，美丽的相貌和优雅的风度是一封长期有效的推荐信。风度能给自己带来自信和幸运，获得领导的赏识。因此，我们就必须更加讲究自己的风度，树立良好的形象。

风度是人的言谈、举止和态度的综合体现，更进一步说，是人的精神气质的外在扩散所形成的魅力。这种魅力给人一种美的慑服力。这种美的慑服力，能使人产生心理的倾慕和震颤。

可见，一个人具备优雅的风度，对自己与他人的交往有很大的影响。那么，我们要从哪些方面入手打造自己的优雅风度呢？

1. 修炼内心

风度首先表现在丰富的内心世界中。理想则是内心丰富的一个重要方面。因为理想是人生的动力和目标，没有理想和追求，内心空虚贫乏，是谈不上有风度的。品德是风度的又一重要方面，为人诚恳、心地善良是不可缺少的。文化水平在一定程度上影响着家庭生活的气氛和后代的成长。此外还要胸襟广阔。

因此，从完整的意义上说，风度是一个人内在美与外在美相结合的产物。"皮之不存，毛将焉附？"没有内在美，外在美就无所依托。一个内在精神世界不美的人，长相可能很美，却无论如何不会长期保持美的风度。

2.完善性格

风度还表现在性格上。这就是要注意自己的涵养，要忌怒、忌狂，能忍让，会体贴人。温柔并非沉默，更不是逆来顺受、毫无主见，相反，开朗的性格往往透露出天真烂漫的气息，更能表现内心情感，而富有感情的人更能引起共鸣。

3.尊重对方，严谨有致

与领导交往沟通，首先要准确把握双方关系，给其以相应位置，充分表现出你对他的尊重。这是对双方关系的确认和定位，也是对对方的一种渴望受尊重愿望的满足，必须严谨有致，不可苟且。

小许很得一教委领导的赏识，这位领导很平易近人。他与小许并未谋面，但他赞赏小许的才华，便约请小许与他聊聊。小许在领导面前并没有得意忘形，忘乎所以。他的言谈举止都严谨得宜，很有分寸。领导虽性情开朗，多次表示要小许随意些，但还是对小许的举动发自内心的高兴，他觉得没有看错人。就这样，小许获得了那位领导的认可和喜欢。

4.坐立行走要文雅大方

与领导交往时，你应自觉地保持一种良好的坐态，以显示自己应有的文明教养。工作时，要精力充沛，给人一种振奋昂扬的印象；切忌东倒西歪，委靡不振。此外，你还要养成正确的站立姿势。在领导会议上，要大大方方地起立致意，不要弯着腰、扭着身、束手束脚，要做到从头到脚成一线。行走时步伐要从容稳健，不要摇头晃脑、东张西望、勾肩搭背。

5.切忌奉承，不卑不亢

尊重是有原则、见真情的。如果不顾原则，另有目的，人格沦丧，不知廉耻，对领导就会表现出阿谀奉承、虚情假意、夸大其词和别有用心，只能让他们反感、嫌恶甚至是痛恨。

6.态度自然，不必拘谨

领导无论地位还是阅历，都高我们一筹。与他们交往，有时让我们有一种威压感而噤若寒蝉。我们作为平常人，尤其是未见过世面的青年人，在这种情势下往往显得手足无措、言语嗫嚅，感觉特别别扭。其实领导也是我们平等的交际对象，我们与领导之间也是一种自然的交往关系，一方面我们要尊重他，另一方面也要立足于自己，守住方寸，保持本色，自然而正常地与其交往，不必拘谨。这反倒能显示自己的交际魅力，赢得对方的认可和尊重，使领导更乐意与我们沟通。

与领导沟通，应当时刻注意自己的风度。不管自己长得怎样，也不管遇到多大困难与波折，都要显得豁达、坚定，显得刚毅果敢、气宇轩昂，这样，就自然会有一股英雄气概，有一种外在魅力。在与领导交往时，举手投足间尽显优雅风度的人必然会以其优美的举止言谈、高尚的品德情操赢得领导的喜爱，获得领导初步的认可。如果妄自菲薄、自惭形秽，自己看不起自己，自己打倒自己，即使五官相貌长得再好，又有什么风度可言？试想，一个没有风度的人怎么能够在领导面前表达自己的观点、展现自己的特长呢？

提建议时使用暗示的方法

偶尔对老板交心是必要的，但要有的放矢。促膝长谈是种手段，而不是真的让你什么都说。偶尔的交心，说些无关紧要的私己话，能让老板觉得你贴心。事实上，从没一个上司会跟你真的交心。切忌一热泪盈眶，就把心窝子都交出去。被出卖的，往往是交心的那个。

帕特丽夏·科克女士是马萨诸塞州智囊团的成员，她工作精干而颇有建树，但始终没有提升。终于在某一天，她为这事与上司争吵了起来。

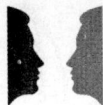

"在争论中，我们互不相让，气氛十分紧张，"这位女士后来回忆说，"而且这场唇枪舌剑之后，我就不得不离开这家公司。"

非常遗憾，科克没有遵守同上司打交道的基本规则：没有把握取胜，别轻易向上司开战。不过这并不意味着应当尽量避免与上司冲突。

对一位不甘寂寞的下属来说，至关重要的恰恰不是唯唯诺诺，而是把自己的不同见解恰到好处地向上司表明。而避免矛盾，只能暂时奏效，长此以往，下属吃不香睡不甜，人格受贬，上司则耳不聪目不明，指挥失当。

当你想要向上司提建议时，尽量用暗示的方式去说，而不要当面与上司交涉，要给上司留下足够的余地。

在第二次世界大战期间，斯大林在军事上最倚重的人有两个，一个是军事天才朱可夫，另一个则是苏军大本营的总参谋长华西里也夫斯基。

斯大林在晚年逐渐变得独裁，"唯我独尊"的个性使他不能允许世界上有人比他更高明，更难以接受下属的不同意见。

在第二次世界大战期间，斯大林的这种过分的"自我尊严"感曾使红军大吃苦头，遭到不可避免的巨大损失和重创。提出正确建议的朱可夫曾被斯大林一怒之下赶出了大本营，但有一人例外，他就是华西里也夫斯基，他能使斯大林在不知不觉中采纳他的正确的作战计划，从而发挥着重要的作用。

华西里也夫斯基的进言妙招之一便是潜移默化地在休息中施加影响。在斯大林的办公室里，华西里也夫斯基喜欢同斯大林谈天说地地"闲聊"，并且往往还会"不经意"地"顺便"说说军事问题，既非郑重其事地大谈特谈，讲的内容也不是头头是道。

但奇妙的是，等华西里也夫斯基走后，斯大林往往会想到一个好计划。过不了多久，斯大林就会在军事会议上宣布这一计划。于是大家都纷纷称赞斯大林的深谋远虑，但只有斯大林和华西里也夫斯基心里最清楚，谁是真正的发起者。

正是在这些闲聊中，华西里也夫斯基用自己的思想启发了斯大林的思想，以至于斯大林本人也认为这些好主意正是他自己想出来的。但不管怎样，从效果上看，华西里也夫斯基达到了他的目的，使他的建议能够被斯大林所采纳，并成为斯大林最为倚重的人之一。

有些问题是应该由上级来处理的。事实上，如果这些问题不让他来处理的话，他会很恼火。因为，这些涉及权力或会产生纠葛的事情是与你不相干的。

也有些问题在你的职责范围之内，而你又非常希望得到他的帮助，当你真的要向上级提出这种问题时，最好向他征求建议，而不要向他恳求解决方法。

与其说："某某公司不愿付最后一笔货款"，然后等他说应该怎么办，你还不如说："我没有办法让某某公司支付最后一笔货款。如果您有什么建议的话，我将十分感谢。"

这种方法能诱使上级作出积极的反应，因为你不是要他承担责任，只是想获得他的知识和专长罢了。但是，这种方法也有其局限性。如果你连续不断地向上级提出建议，他很快会感到厌倦，而且，很可能他对你也会感到不耐烦。所以，如果问题确实是你自己的，最好的办法是将它留给自己，并且自己去解决它。

具体说来，以下几种不同的情况要区别对待，采取不同的方法才能达到你的目的。

当上司的决策出现明显的错误时，可采用以下方法使之改正：

（1）让上司自己动摇信心。例如，可以说："您真敢冒险！"或者"哇！您真是勇敢。"语气里带上点怀疑，比直说"你的计划太冒险"要好得多。

（2）不要怪上司而要怪客观原因。例如："要不是形势变化太快，您的计划一定会大获成功。"

（3）表面恭维，暗中出招。跟上司说："换成我还真想不出您的办法来，

我原来想……"表面上说上司比你聪明，经验丰富，实际上达到说出你自己想法的目的，上司听了也许会动心。

（4）询问上司还有没有别的办法。或许上司会反问你有什么想法，也可能上司会产生一些新的构想，而看起来，这一切也是他想出来的。

（5）请上司把他的想法解释一下。在解释的过程中，他可能不必等你提出来，自己就察觉有漏洞。

（6）采用假设性暗示。例如，"如果这种产品销路不好怎么办？"你既说得不过火，又能使上司重新考虑。

当上司对你心怀疑虑时，你不妨也用暗示的方式去试探一下：

（1）把握好提出问题的时机。别在他忙得焦头烂额、心情懊丧或者出了家庭纠纷的时候接近他，最好是在有你参与的某项工作接近成功，大家都心情轻松，在一起聊天的时候提出来。

（2）要讲究提问的技巧。例如，问他"还需要我做什么事？"或者"还有什么要我补充"，上司的回答可以看出他对你的评价。

（3）不要专门和上司谈这个问题，这样会让上司觉得不自在，很多上司比你讨厌受批评或讨厌评价部下。

（4）学会察言观色。如果上司总是对你冷淡、不耐烦，而对别人却不是这样，显然是因为他对你不满意。在这种情况下，除非你立下大功，否则不要问上司对你如何评价。

当你对上司的工作有所思考并形成建议时，可以这样对他善意提醒：

（1）要先试风向，如果发现上司表现出防卫姿态，最好赶快改变话题。

（2）要逐级反映你的意见，越级抱怨会减少你说话的分量，减低别人对你的信任。

（3）提出批评的每句话都要有根据，否则上司会认为你无中生有。

（4）指责上司的错误，同时要给他提供如何处理才更好的建议。

（5）提出困难向上司求助，好让他自己察觉哪里出了问题，或许你不指出来，他就已经体察到了你的难处了。

（6）批评的目的是为了改善工作，因此问题解决了，功劳归于上司，你才能永处顺境。

遇事商量，不自作主张

上司有时候说他对你很放心，事实可能正好相反。真正的信任，是通过行动表现出来的。说得绝对些，当上司愿意把害人的事情，把办公室里斗争的事情和你一起做，那才是信任的表现。上司口头说对你放心，你反而要当心，很可能你做了什么，让上司产生你不忠诚的怀疑。

"糟了！糟了！"赵经理放下电话，就叫了起来，"那家便宜的东西，根本不合规格，还是原来张总的好。可是，我怎么那么糊涂，写信把他臭骂了一顿，还骂他是骗子，这下麻烦了！"

"是啊！"秘书小王转身站起来，"我那时候不是说吗，要您先冷静冷静，再写信，您不听啊！"

"都怪我在气头上，想这小子过去一定骗了我，要不然别人的价格怎么那样便宜。"赵经理来回踱着步子，指了指电话，"把电话告诉我，我亲自打过去道歉！"

秘书一笑，走到赵经理桌前："不用了！告诉您，那封信我根本没寄。"

"没寄？"

"对！"小王笑吟吟地说，"嗯……"赵经理坐了下来，如释重负，停了半晌，又突然抬头："可是我当时不是叫你立刻发出吗？"

"是啊！但我猜到您会后悔，所以压下了。"小王转过身，歪着头笑笑。

"压了三个星期？"

"对！您没想到吧？"

"我是没想到。"赵经理低下头，翻记事本，"可是，我叫你发，你怎么能压？那么最近发南非的那几封信，你也压了？"

"我没压。"小王脸上更靓丽了，"我知道什么该发，什么不该发……"

"你做主，还是我做主？"没想到赵经理居然霍地站起来，沉声问。

小王呆住了，眼眶一下湿了，两行泪水滚落，颤抖着、哭着说："我，我做错了吗？"

"你做错了！"赵经理斩钉截铁地说。

看到小王的遭遇，你会想：明明秘书小王救了公司，上司非但不感谢，还恩将仇报，对不对？如果说"不对"，你就错了！

正如赵经理说的——"你做主，还是我做主？"

假使一个秘书，可以不听命令，自作主张地把领导要她立刻发的信，压了三个星期不发，那她岂不成了领导的领导？如果有这样的"暗箱作业"，以后交代她做事，谁能放心？所以小王有错，错在不懂工作原则。上司毕竟是上司，事情还是得他做主。

仅就工作而言，下属自作主张带来的后果，都不会十分严重，也并非全都是消极的方面。可以想象，哪有那么多员工笨到不知轻重的地步，敢于擅自替上司作出关乎单位整体利益的主张？除非他是个没有自知之明的人。

然而，这种自作主张所带来的对职场上的等级关系及人际关系常态的冲击，是十分明显的。上司反感下属的自作主张，其实不在于他的擅自决定给工作带来的损失——通常来说，这种损失是微小的。上司真正在意的是下属越权行事的行为，以及这种做事风格所反映的下属心中对上司的重视程度。尽管这种行为不一定说明下属不注意上司的存在，不把上司放在眼里，但在上司的角度理解，会把这种行为与下属对自己的个人态度联系起来，最后认定这种做法不仅是对自己的无视，也是下属工作经验与能力欠缺、办事不稳重的表现。这样一来，你无意中的一次私自定夺行为，带来的可能就是上司以后的冷遇与不信任。这种误会与不信任，不是一朝一夕能够改变的，对你的前途的损害，也是难以弥补的。

不自作主张，是你在处理公司事务时起码要做到的，而要想在这方面更进一步，你还需要做到遇事多和上司商量，多让上司给你做主。

你有没有常常向上司询问有关工作上的事？或者是自己有什么问题，有没有跟他一起商量？如果没有，从今天起，你就应该改变方针，尽量地发问。部下向上司请教，并不可耻，而且是理所当然的。

有心的上司，都希望他的部下来询问。部下来询问，一方面表示部下眼里有上司，相信上司的决定。另一方面也表示他在工作上有不明了之处，而上司能够回答，才能减少错误，上司也能够放心。

如果员工假装什么都懂，一切事都不想问，上司会觉得"这个人恐怕不会是真懂"而感到担心，也会对你是否会在重大的问题上自作主张而产生担忧。

在工作上，遇到重大问题的决策时，你不妨问问上司，"关于某件事，某个地方我不能擅自下结论，请您定夺一下"，或者"这件事依我看不这样做比较好，不知您认为应该如何"，等等。

在办公室里，你需时刻牢记一条：上司永远是决策者和命令的下达者，无论我们有多大的把握相信自己的判断力，无论你代替上司决定的事情有多细微，都不能忽略上司是否同意这一关键步骤。否则，当上司意识到本应由自己拍板的事情被属下越俎代庖，他所产生的心理上的排斥感和厌恶感，以及对于下属不懂规矩的气恼，足以毁掉你平时凭借积极努力所换来的上司对你的认同。所谓"一招不慎，满盘皆输"，莫过于此。

准确及时汇报工作

在工作中，领导和下属往往容易形成一种矛盾，一方面下属都愿意在不受干扰的情况下独立做事，另一方面领导对下属的工作总存在不放心的状态。一般来说，在下属和领导的关系中，领导总处在主导的地位，下属的命运掌握在领导手中。在这种情况下，要解决上述矛盾，下属就应该主动适应领导的愿望，凡事多汇报。

对于那些资深且能力很强的下属来说，需要解决一个心理障碍问题，即：不管你怎样资深，能力怎样强，你只要是一个下属，你就只能在领导的支持和允许下工作，如果没有这种支持和允许，你将无法工作，更别说创出业绩了。所以，作为下属，应该学会凡事多汇报，勤汇报，只有这样，才能最大程度地得到领导的信任与器重，从而打开事业之门。

下属向领导汇报工作时应注意以下事项：

1. 及时汇报不好的消息

对不好的消息，要在事前主动报告。越早汇报越有价值，这样领导可以及早采取应对策略以减少损失。如果延误了时机，就可能铸成无法挽回的大错。报喜不报忧，这是多数人的通病，特别是失败是由自己造成的情况下。实际上，碰到这种情况，就更加不能隐瞒，隐瞒只会造成更加严重的后果。

2. 要在事前主动报告

有的员工做事总是很被动，一般是在领导问起相关事情的时候才会提出报告。孰知，当上级主动问到这件事时，很可能是因为事情出了问题，否则上级是不会注意到的。下属应遵循这样一个原则：尽量在上级提出疑问之前主动汇报，即使是要很长时间才能完成的工作，也应该有情况就报告。以便领导了解工作是否仍是按计划进行；如果不是，还要作出什么调整。这样，在工作不能按原计划达到目标的情况下,应尽早使领导知道事情的详细经过,就不致于被责问了。

3. 全权委托的事也要报告

在领导已经把事情全权委托给你办的情况下,不仅要和领导仔细讨论各种问题,请示相关情况,而且还要及时汇报各种相关事宜。一般情况下,领导把稍微有些难度的工作交给下属去办,是训练年轻员工最有效的办法。领导在作出各种布置后,一般会在一旁详细观察,在这种情况下,员工最好把事情的前因后果详细地向领导汇报。

汇报工作时要先说结果,再次说经过,书面报告也要遵循这一原则。这样,汇报时就可以简明扼要,节省时间。

4. 汇报工作要严谨

在工作报告中,不仅要谈自己的想法和推测,还必须说正确无误的事实。如果报告时态度不严谨,在谈到相关事实时总是以一些模糊的话语,如"可能是""应该会"等来描述或推测的话,就会误导领导,不利于领导作出正确的决策。所以在表明自己意见的时候,最好明确地说"这是我的个人观点",以便给领导留下思考空间,这样对己对领导都会大有裨益。

5. 忌揽功推过

下属向上级汇报工作,无论是报喜,还是报忧,其中最大的忌讳是揽功推过。所谓揽功,即是把工作成绩中不属于自己的内容往自己的功劳簿上记。不少人想不明白其中的道理,他们在向领导汇报工作成绩时,往往有意夸大自己的作用和贡献,以为用这种做法就可以讨得领导的欢心与信任。实际上,多数领导都是相当聪明的人,他们并不会因为你喜欢揽功,就把功劳真的记到你的账上去。即便一时没有识破你的谎言,他们也多半会凭直觉感到你靠不住。因为人们对言过其实的人,多是比较敏感的。

所谓推过,就是把工作中因自己的主观原因造成的过错和应负的责任,

故意向别人身上推，以开脱自己。它给人的印象是文过饰非，不诚实。虽然趋利避害是人的天性，揽功推过却是人的劣根性。不揽功，不推过，是喜说喜，是忧报忧，是一种高尚的人品和良好的职业道德的体现。采取这种态度和做法的人，可能会在眼前利益上遭受某些损失，但是从长远看，必定能够站稳脚跟，并获得发展的机会。

6. 恭请领导评点

当你向领导汇报完工作之后，不可以马上一走了事。聪明人的做法是：主动恭请领导对自己的工作总结予以评点。这也是对领导的一种尊重和对他比你站得高、看得远、见识多的能力的肯定。

通常而论，领导对于下属的工作总结，大多都会有一个评断，不同的是有一些评断他可能公开讲出来，而有一些评断他则可能保留在心里。事实上那些保留在心里的评断，有时却是最重要的评断，对此，你决不可大意。反之，你应该以真诚的态度去征求领导的意见，让领导把心里话讲出来。对于领导诚恳的评点，即便是逆耳之言，你也应以认真的精神、负责的态度去细心反思。只有那些能够虚心接受领导评点的员工和下属，才能够被领导委以重任。

汇报也具有时效性，及时的汇报才能发挥出最大的效力。当你完成了一件棘手的任务，或者解决了一个疑难问题的关键，这时马上找上司汇报效果最好，拖延一段时间再向上司汇报，上司可能已经失去对这件事情的兴趣，你的汇报也有画蛇添足之嫌。及时向上司汇报，还会使你与上司之间建立良好的互信关系，上司会自动对你的工作进行指导，帮助你尽善尽美地完成工作。

千万不要忽视请示与汇报的作用，因为它是你和领导进行沟通的主要渠道。你应该把每一次的请示汇报工作都做得完美无缺，这样领导对你的信任和赏识也就会慢慢加深了。

攻心话术 领导面前这些话不能说

伴君如伴虎。领导毕竟不像一般同事。何况一般同事之间也应该注意分寸，不能太无所顾忌。所以平时与领导相处、交谈和汇报情况时，都要多加小心。

特别是一些让领导不快的话，就更要注意不能讲：

1. 不经意地说："太晚了！"

这句话的意思是嫌领导动作太慢，以至于快要误事了。在领导听来，肯定有"干吗不早点儿"的责备意味，你看这话能说吗？

2. 对领导说："这事不好办。"

领导分配工作任务下来，而下级却说"不好办"，这样会让领导下不了台，也说明你在推卸责任。

3. 对领导说："您真让我感动！"

"感动"一词是上级对下级的用法，例如说："你们工作认真负责，不怕吃苦，我很感动。"而晚辈对长辈或下级对上级用"感动"一词，就不太恰当了。

尊重领导，应该说"佩服"。例如："经理，我们都很佩服您的果断"，这样说才算比较恰当。

4. 对领导说："不行是吗？没关系！"

这话是对领导的不尊重，缺少敬意。退一步来讲，也是说话不讲方式方法，说了不该说的话。

5. 对上级的问题回答："无所谓，都行！"

过度客气反而会招致误解。和领导说话应该小心谨慎，顾全大局。但顾虑过多则适得其反，容易遭受误解。

善于察言观色，以平常心去应付，对这类情况就可以应付自如了。要想

办法克服胆小怕事的心态，有时越是谨慎小心，反而越容易出错，会被领导误认为没有魄力，不值得重用。

在职场中，没有几招保命的本事是不行的，否则，一旦碰上风浪，你会成为首先被牺牲的那一个。

因此，多练几个绝招，你才能在职场中游刃有余。

第十五章
这样说话赢得同事的配合

敞开心扉，疏通情感交流的渠道

同事之间，竞争不可避免，但更需要配合，毕竟你不是一个人在职场中奋斗。因此，应当打破壁垒，主动与同事交流沟通，以便相互间取长补短，更好地开展工作，实现个人与公司的共同成长。

感情是人际关系的"协调器"。同事之间的关系应当融洽，互无"心理防线"。这样工作时才顺当，才能心情愉快。由于自己工作的好坏与同事无直接的利害关系，因而在寻求同事配合或帮助时，你和他之间的"感情"则是他是否乐于帮忙的最重要的砝码。如果你和他感情甚好，那么问题会迎刃而解，反之，不知道要费多少口舌。所以，有经验的人总把加强与同事的感情放在处理同事关系的首位。

要善于主动与同事沟通，敞开心扉，疏通情感交流的渠道。这样一来，对方也会逐步开启"心理门户"。这样"一来一往"，感情自然会增进。同事之间，相逢开口笑，有助于解决某些分歧与矛盾。鲁迅说得好："相逢一笑泯恩仇。"

喜怒哀乐是人之常情，人和人之间难免有分歧、有磕碰，同事之间也难

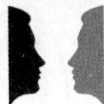

免有些分歧与纠葛，但常常都在一笑中了之。这说明笑是一种奇妙的语言。在现实生活中，它既能表达敬意，也能表达歉意，还能表达谅解、宽恕等心情。我们要注意提醒自己，与同事相处时不要表现愤怒，愤怒的情绪常常会激起冲动，使同事之间关系僵化，有时甚至导致不可收拾的结果。每个人都要学会制怒，孙子曰："主不可以怒而兴师，将不可以愠而致战。"特别是当有人别有用心搞自己的小动作时更是如此。

同事之间的批评也很重要，但要使这种批评真正得到良好效果并不容易。所以我们要讲批评的艺术，批评前首先要自问，我批评的是哪件事？是否有"千年谷子万年糠一齐抖"的嫌疑？对方有可能接受我的批评而改正吗？我期望对方改善到什么程度？我选择什么样的时机、方式和场合发表自己的意见？我能否对批评的意见负责任？对方有无可能曲解我的意图？

善于融批评于闲谈、娱乐之中，讲究艺术的批评才能获得良好效果。当对方幡然悔悟时，他就会反过来感激你，这样增进感情的目的就达到了。

态度恭敬，放低姿态平等互惠交往

同事之间相处，平时多给对方一些问候，多一点关照，等于是在为你的感情账户进行储蓄，等到你遇到困难之时，他们自然就会向你伸出援助之手，而不会让你陷入孤立无援的困境。

年终岁末，某数码产品公司市场部要在一次全国范围的产品展销会上组织一次大规模的产品促销活动。由于人手不够，市场部经理赵峰急需临时招聘一些促销小姐。于是，他让助手打了一份申请，报到人力资源部主管老陈那里，并在电话里跟老陈说："很急！尽快安排。"本来老陈平时就看赵峰不顺眼，这次又是这种态度，老陈心想："你小子平时见了我连招呼都不打，现在又这副德性。你不是急吗？好，我就来个急情缓办，叫你哑巴吃黄连！"结果，老陈憋着一肚子气，完全按照常规招聘流程走了一遍。填表、笔试、面试、岗前培训……等到这10位促销小姐完全到位时，展销会已经接近尾声了。

故事里的老陈坏是坏了点儿，但是他的要求其实并不高。如果赵峰的嘴巴甜一些，平常的态度恭敬一点，可能这个故事就会有另外一个结局。

按理说，老陈作为人力资源部主管，理所应当按照赵峰的要求为市场部招聘促销小姐。这是老陈的本职工作，做到了是他的职责，做不好是他的失职。正因为如此，老陈把人招到了，就算尽了本分了，没人能挑出他的错来。你赵峰急不急是你自己的事儿，我老陈为什么一定就得按照你的吩咐办呢？

上面的这些想法，说到底都不外乎一个"利"字。"人在职场，'利'字当先。"平级部门之间，没有了权力的挟制，当然就只能用利益来吸引对方了。认识到这一点，部门主管在请人帮忙的时候，要想让对方尽心尽力帮你做事，就必须在言行上让对方觉得，你值得让他出手相助。

再拿赵峰的例子来说，如果他能这样与老陈说，效果是不是会更好一些呢？

"老陈，帮个忙，这事儿挺急，促销小姐3天之内就得到位。错过了时机，你我就都白忙活了。在这儿，我也征求一下你的意见，如果你同意，这个活动算咱们两个部门一起合办的。我有把握，这个活动做下来肯定会出成绩。这样一来，你的部门年终考核又可多一项业绩了，你觉得这想法儿怎么样？"

听了这话，相信老陈不仅不会拒绝赵峰的要求，还会把这件事当成自己部门的事做。

相对来讲，上下级的沟通中由于存在着权力、地位上的优势，往往比较

容易解决。唯有横向沟通之间，由于没有了权力的牵制，而且又因为各部门之间的实力强弱、立场、利益不对等，往往会形成一些沟通壁垒，增加沟通难度。

其实，这也没什么大不了。只要你能在部门间的沟通中做到平时多主动联络，关键时刻讲技巧、有弹性，处理问题本着平等、互惠、顾大局的原则，相信在工作当中你一定会为自己赢得更多的帮手和同盟，而不是你一唱戏就有人拆台。

谦逊为人，赢得同事的好感和尊敬

尊重同事，谦逊为人，低调做人，高调做事，会让你从上到下赢得人们的依赖和尊重，为自己营造一个如鱼得水的工作环境。

同事成员之间，尽管有年龄、资历、经验、文化知识和能力的不同，但都要相互尊重。在语言交往中，年轻者在与年老者交谈时，要带着学习探讨、征求意见的口吻，因为工作多年的年老者都怕别人认为自己老了，干什么都不行了，怕被别人冷落。而年老者也应该多以启发引导、大胆信任的语气与年轻者交谈，尊重他们的干劲和首创精神，放手让他们多做工作。如果年龄大的成员什么都不放手，过多插手、过问年轻人的工作，就会使他们感受到不被信任，就会伤害他们的自尊心。

战国时期的军事家吴起有句名言："不和于军，不可以出陈（阵）；不和于陈，不可以进战；不和于战，不可以决胜。"要达到"和"的境界，与平时交流沟通中始终保持相互尊重是分不开的。

行走职场之中，不仅要处处体现尊重他人的风范，还要时刻保持谦逊的态度。

老子曾说："良贾深藏若虚，君子盛德，容貌若愚。"是说商人总是隐藏其宝物，君子品德高尚，而外貌却显得愚笨。这句话告诉我们，为人要谦逊，要敛其锋芒，收其锐气，千万不要不分场合地将自己的才能让人一览无余。你的长处短处被同事看透，就很容易被他们利用。

在日常工作中不难发现这样的人，他们虽然思路敏捷、口若悬河，但没说几句就令人感到狂妄。这种人多数都是因为太爱表现自己，总想让别人知道自己很有能力，处处想显示自己的优越感，以为这样才能获得他人的敬佩和认可，其实结果只会在同事中失掉威信。

生活的经验告诉我们，只有那些谦虚豁达的人才能赢得更多的知己。那些妄自尊大，小看别人，高看自己的人总是令别人反感，最终在交往中会到处碰壁。

蒋先生是一位很有人缘的业务骨干，但是他刚到单位时，在同事中几乎一个朋友都没有。因为那时他正春风得意，常说有多少人找他帮忙，某某人又给他送了礼，上司又如何器重他，等等。大家听了不仅不欣赏，反倒极不高兴。后来经人点拨，蒋先生意识到自己的这个毛病，从此便很少谈自己而多听同事说话。其实，他们也有很多事情要说，远比听别人说更令他们兴奋。后来，每当他与大家闲聊时，总是先请对方滔滔不绝地表现自己，只有在对方停下来问他的时候，才很谦虚地说一下自己的情况。慢慢的，蒋先生成了办公室里最受欢迎的人。

谦虚的人往往更能得到同事的信赖。因为谦虚，他们才不会认为你对他们有威胁，这样你就会赢得他们的尊重，更好地与其建立关系。

所以，对自己要轻描淡写，要学会谦逊，只有这样，才会永远受到别人的欢迎。

公私分明，是非面前说话毫不含糊

与同事相处，说话要讲究分寸。话太少不行，现代社会中的人都是社会性动物，那些少言寡语的人，会被大家视为不合群、孤僻、不善交往。久而久之，就会被大家所孤立，难以有什么发展。话多了也不行，容易让别人反感，而且也容易让别人误解，认为你是个轻浮、不稳重的人，还容易落下个"乌鸦嘴"的名声。所以说，不多说一句，也不少说一句，才是说话的分寸。

办公室每天都发生着这样那样的是是非非。不管你是不是卷入了这些是非，也不管你是个喜欢"路见不平，拔刀相助"的"英雄"，还是个"事不关己，高高挂起"的"世外闲人"，你都要和这些同事日复一日，年复一年地相处下去。这就需要掌握一些与同事说话的艺术，尤其是要把握说话的分寸，在他们中间塑造一种受欢迎和被欣赏的说话形象和风格。

不管你与同事的私人关系如何，如果涉及公事，千万不可把你们的私交和公事混为一谈，否则你会将自己置于一种十分尴尬的境地。

李霞是某公司的一位部门经理，她与公司的另一位部门主管陈华十分要好。有一天，陈华突然过来找李霞。李霞很奇怪，问："你来找我干什么？这可是工作时间。"陈华说道："李霞，我们部门现在有个计划，希望与某公司合作。但我在这个公司没有熟人，所以想请你帮个忙。"李霞一愣。陈华继续说："我知道，你和这个公司的公关经理很熟。你就做个中间人，帮我说几句话吧。事成之后，我不会亏待你的。"李霞一听，感到很为难，想直接回绝，又怕陈华不高兴。答应吧，她还不想把公事和私交混在一起。于是，她对陈华说："这件事倒不难，不过我多少听说了你们的计划，是很着急的。我是认识该公司的公关经理，不过，她这段时间在休假。我怕等她回来，你们的计划就给耽误了。"陈华一听就明白了。李霞又补了一句："我听说这家公司的老板人很随和，你不妨直接去找他。"

其实，李霞的朋友并没有去休假，她只是不想把自己搅进去。她与陈华不是一个部门的，插手其他部门的事，是职场中的一个大忌。再说，如果办不成的话，反倒可能影响了自己和陈华的友谊。

如果你遇到同事要求你伸出援助之手时，你可以打趣地说："其实这件事很简单，你一定可以应付自如的。若被我的意见左右，反而不妙。"这番话是在间接提醒他：一个成功人士，必须独立、自信，而且这样也不会损及双方的情谊。

小心驶得万年船。办公室就是一个小社会，大家性格各异，公事私事混杂，同事之间相互谈话，应当把握一定的分寸，公事私事应分明，说话办事不越底线，如此才能自如地出入职场的围城。

交深言深，交浅言浅，把握距离

俗语说："逢人只说三分话。"说话本来有三种限制，一是人，二是时，三是地。非其人不必说，非其时，虽得其人，也不必说，得其人，得其时，而非其地，仍是不必说！非其人，你说三分真话，已是太多；得其人，而非其时，你说三分话，是给他一个暗示，看看他的反应；得其人，得其时，而非其地，你说三分话，正是为了引起他的注意，如有必要，不妨择地长谈，这才是通达世故的人。

人与人之间相处，最忌交浅言深，这种情形如果发生在办公室，它所造成的负面影响不能忽略。

你刚到一个新的工作环境，同事对你表示友善而欢迎的态度，大家一起出外午餐，有说有笑，无所不谈。但其中一名同事可能跟你最谈得来，乐意把公司的种种问题以及每一位同事的性格尽诉于你。你本来对公司的人事一无所知，自然也很珍惜这样一位"知无不言，言无不尽"的同事，彼此谈得相当投机。你开始降低自己的防卫，看到什么不顺眼、不服气的事情，也与这位同事倾诉，甚至批评其他同事的不是之处，借以发泄心中的闷气。

如果对方永远是你的忠心支持者，问题自然不大。但你了解这位同事有多少？要知道"来说是非者，便是是非人"。你怎么知道你与对方不过数月的交情，比他与其他同事的感情来得深厚？为这一时之快，你把不该说的说出来，对方手上便有了一张王牌，随时随地都可以把你曾批评过其他同事的话公之于众，那时你在公司还有立足之地吗？

公司的行政人员，常会聚在一起谈论公事。当某主管欲提升下属向你征询意见时，请三思而后"言"，因为你的表现可以反映你的形象。

如果你觉得这位职员十分突出，"他是个很好的助手"这类评语太空泛了，同事会认为你不够细心。应该列出一些特别例子以加强分量，这样才显出你的观察力过人。例如说："他往往能说服一些固执的顾客去尝试一些新的交易形式。"如果将来这人在适当的职位上表现出色，那么你的声誉同样会得到提升。

要是你认为此人颇为能干，但有些方面仍有不足时，可以有所保留地说："我跟他接触不多，不能妄断呀！"这样，你并没有说他不能任新职，但如果以后他表现叫人失望，也与你无关。

若你对此人根本没有好感，索性说："我不会推荐他！"但不必详加解释。总之，无论是你体验过的，或道听途说的，都不必再提。重点是，你相信他不能胜任新职，所以不便推荐。

"祸从口出"，有时表现为不顾后果的颐指气使。有些人习惯了以"恶人"姿态出现。很多人对这类人会抱有戒心。或许，你曾见过这样的例子：某人在开会时，疾言厉色，令在场诸人包括老板都不敢多哼一句，结果他获得了全面的胜利。

这些例子多有其背后的因素，如他早已取得一定地位。在这件事情上，有绝对把握，加上其他人本身完全没有支持力，才会有如此一面倒的情况。又或者，某些行业确实需要一定的"暴力"。

一般的情况是，表现粗暴与否，除看环境外，这种表现，同时是在向人表示，你是失去了自我控制。同时，向老板、上司、同事们咆哮，是永远不会被原谅的，只会造成仇恨。还有，你永远没法知道将来自己会依靠哪一个人，因一时脾气而开罪人家，大有可能以后会有"报应"！

"祸从口出"有时又表现为不负责的传播谣言或小道消息。在办公室里，有人特别喜欢向你倾诉心事。可是，知道别人太多的私事，却不是好事。尤其是在办公室里，更有可能平白给自己惹来麻烦，甚至埋下定时炸弹。

同事间因为夹杂了利害关系、人事关系，今天的好搭档，明天却有可能变成对手。所以，为了保护自己，最好别轻易将感情放到同事身上，做到合乎礼貌，一般的人情就可以了。

下一回，当某同事向你诉苦，不妨改变一下态度。依然关心对方，但不要单独关心。如果说对方找着你，你明知他有大量"苦水"，可以多邀一位同事一起去开导他。

对方讲的是私事，不妨客观地给他分析，但提意见时请避重就轻。"我认为这件事不一定是好事，但我的意见并不全面，你最好重新分析整件事，再决定对策。"若对方烦的是公事，那么你只宜当听众了，以免卷入无谓的旋涡。

在许多时候，你一时口快，或者误以为对方早已知晓，总之是无心之失，将有关某同事的小秘密泄露了出来，怎么办？

例如，你与某甲吃午饭，某甲明明与某乙表面上很友好，所以你以为对方一定对某乙之事了如指掌，于是说话随便得很。你问："某乙那天碰钉子，真是倒霉！"对方瞪着双眼反问："究竟发生了什么事呢？"当下，你明白碰钉子的是你自己，如何"补救"？

你可以这样答复对方的问题："我是说某乙那天迟到却碰巧遇到上司罢了。"随便找一个小事谈谈，装作一派漫不经心的样子，然后快快另找一个话题，将对方的注意力分散。

这种错误，其实只有你自己知晓，所以没有慌乱的必要。装作无知，摆明你是什么也不知道的。这样，即使事情搞大了，起码泄露的人不是你！当然你更万万不该自动向当事人谢罪。

在很多情况下，你只能做个听众。如你的两位好同事由亲密恋人宣告各走各的路，而他俩又分别向你诉苦，数落对方的不是。本来，别人的情史与你无关，但碍于同事一场，你没有理由掩耳跑开。

做个听众倒是无妨，只是最好别做唯一的听众，因为容易陷自己于困境。总之，保持距离乃是上上之策。不添加意见，也不费神去理解，对你有益无害。

攻心话术　遵守办公室里的潜规则

在办公室中有许多不成文的规矩，虽然没有像规章制度一样白纸黑字的写着，但是一旦你违反了这些规矩，同样会受到惩罚。所以你一定要注意这些规矩，以免给自己增加不必要的麻烦。

1. 不要过度关注别人的隐私

在办公室里有些人，喜欢打探他人心中的秘密与隐私，这些人很无聊。有些人喜欢添油加醋地说话，从来不顾及当事者的感受，而且有的人与被谣言困扰的当事者相处时，态度上也会有些不自然，或许也因为这个原因而影响到两人工作无法顺利地进行。

如果整天在办公室搬弄别人的是非，你哪还有精力去做好自己的本职工作。这还不算，同事们都会对你敬而远之，因为他们担心有一天自己也成为了谣言的焦点。

2. 客户请你吃饭要先请示上司

工作中有些与你有业务往来的人，可能会请你吃饭。这种时候，你绝不可以表现出很高兴的样子，轻易接受别人的邀请。

因为你与对方是通过业务才认识的朋友，虽然客户请吃饭不过是一点小意思，但是，一方面，他并非是请你个人，而是请公司的代表人。另一方面，你若接受对方的招待，正应了中国的一句俗话："吃人的嘴软，拿人的手短"，在业务上，也许会因此受到影响。

与公司有业务往来的客户一定是由于合作的关系而彼此有交往，所以应该以商品的质量或周到的服务来维持公司与客户间的关系，因此，不要把"请吃饭"的事情看得很重。

当对方邀请你时，是否能接受对方的邀请，绝不可以只凭自己的判断而定，最聪明的方法，就是和你的主管商量，这才是一个公司职员应尽的义务。

3. 不要对来客有差别待遇

有些女职员把客人区分为该亲切的和不用亲切的，而且表现得很露骨，使得周围的人也觉得奇怪而注意到这件事。假如是故意这么做，我们还可暂且不论，但是有些人则是无意中流露出这种态度的，因此必须加以注意。如果平时不注意这种情况，对来客虽然表面上做得非常客气，但是常会在不经意的举动中得罪客人，而自己却浑然不知。

女性在说话及态度上经常直接表现出自己的想法，说得好听一点，这样的人是直率而可爱的。但是作为公司的一分子来说，有这种态度就不太好了。

既然已经身为公司的职员了，就不可以再如此任性了。

不论知道或不知道来客的身份，只要是来公司的客人对公司来说都是重要的，如果女职员们很明显地怠慢客人，也会使客人心存不快。所以，女职员应该有一个正确的观念，那就是，公司内接待客人是以公司职员的身份来应对的，并不是以女职员个人身份来应对。

4. 避免与同事间的金钱往来

人们常常有一个毛病，借来的钱很容易忘掉，借给别人的钱，却记得牢牢的。因此，同事之间互相借钱只能徒增不满，还钱稍有不及时或是一方催要得过于急迫都会影响双方的关系。

有关钱的问题，你必须注意以下几点：在办公室里，必须多带些钱在身边；尽量避免借钱给别人，借出的钱最好不要记住，借来的钱千万不要忘记；养成有计划花钱的习惯。

第十六章
这样说话激发下属的干劲

关心下属，多点人情味

领导者在管理中要尊重和关心下属，以下属为本，多点人情味，使下属真正感觉到领导者给予的温暖，从而去掉包袱，激发工作的积极性。

有的领导刚上任就开始对团队进行改革，开了一些老员工，提拔一些新员工。这样的做法表面上可以调动员工的积极性，但是却也给这些被提拔的新员工一个心理暗示：这些老员工之所以被开了，是因为他们如今已经被领导压榨完了，现在终于被公司抛弃了。试想哪个有志向的人会甘愿这种待遇呢？而一旦你的下属有了这样的心理，就意味着你的团队战斗力将降低。

还有些新上任的领导为了短时间内能出好的成绩，开始让员工不停地加班。要知道，人不是机器，即使是机器也是需要时间休息的，更何况你才刚上任，谁愿意牺牲自己的宝贵时间来成就你的好大喜功之心呢？

征服你的下属其实很简单，你可以尝试着从改变他们的午餐开始。目前，很多公司的午餐都是从外面定做的盒饭，这种午餐不仅不能保障员工的基本营养，还会降低其工作效率。日本的职业心理培训师发现，糟糕的公司盒饭将大大降低上班族在下午四点后的忍耐能力。也就是说如果你的午餐质量不

高，那么员工则会出现下午没有积极性的现象。特别是每天都吃一样的午餐，会很大程度上降低员工工作的积极性。心理培训师建议从办公室走出去，不要每天都在同一个餐厅用餐，换一个环境，到拉面店、风味小吃店和糕饼茶食店去。或者找小时工来亲自为员工做饭也未尝不可。不仅卫生，又能保障营养。再或者等一项大的项目完成后，喊上下属一起出去聚餐也是拉近感情的很好方法。一旦你改变了员工的午餐方式，那么你很快就会发现，你的下属对返工、加班、失意的抗挫能力和忍耐力，都增强了，无形中也促进了工作。

要懂得使你的下属向你靠近，没有领导者对下属的真正关心，也就不可能出现下属对公司集体的真正忠诚。现代的公司文化要求加强公司全体人员的一体化意识和共存共荣的观念，而这种公司文化的建立在很大程度上依赖领导者和公司员工的情感交流。这种情感交流所形成的牢固纽带，不是金钱财物可以比拟和替代的。关心下属，下属才会吐露自己的肺腑之言，领导才能听到正确的反馈意见，才能做到耳聪目明、言路畅通，才能集思广益，汲取群体的智慧。

得人心者得天下，企业家与员工的关系是鱼水的关系，企业家是离不开员工的，因此，企业家一定要在企业内部搞好与员工的关系，增强企业的凝聚力。

华人首富李嘉诚曾说："虽然老板受到的压力较大，但是做老板所赚的钱，已经多过员工很多，所以我事事总不忘提醒自己，要多为员工考虑，让他们得到应得的利益。"这也许是每一位领导都应该持有的待人之道。

激发斗志，调动工作热情

人都是有自尊心的，通常自尊心强者都是较难应付的，若想使他乐意接受一项复杂且不易为一般人接受的工作时，最好的方法是触及到他的自尊心，向他提出挑战。

辛辛监狱，西方最恶名昭彰的一座监狱，缺失了一名管理人员。纽约州州长艾尔·史密斯需要一个强人来管理辛辛监狱。但是，找谁呢？他派人把新汉普顿的刘易士·路易斯请来。

当刘易士站在他面前的时候，他愉快地说："你去主持辛辛监狱如何？他们那需要一个有经验的人。"

刘易士非常为难。他深知辛辛监狱的情况。这是一个政治性的职位，是政敌最理想的攻击目标。典狱长来了又走——其中有一个只干了三个星期。他必须考虑他的前途。这是否值得冒险？

史密斯看到他犹豫不决，于是往椅背上一靠，露出笑容。"年轻人，"他说，"我不责备你吓成这样子。这不是个容易应付的地方，它需要一个大人物到那边去坐镇。"就这么一句话，刘易士去了辛辛监狱，并且待下去。他一直没离开，成了当代最著名的典狱长。

他的著作《辛辛二万年》，卖了数十万册。他曾在电台里广播由他管理的监狱的生活，这些故事被改编成十几部电影。而他的罪犯"人性化"管理的措施，给监狱管理历史带来了奇迹式的改变。

刘易士为什么这么爽快地就接受这份艰巨的任务？因为史密斯的那句"我不责备你吓成这样子。这不是个容易应付的地方，它需要一个大人物到那边去坐镇。"这句话点明了这项任务的艰巨性，也激发了刘易士的挑战欲。

应该说，在困难面前，人人都会有畏惧心理。不过，困难在激发人们的恐惧心理的同时，往往也会激发人们的挑战欲。

几乎每个人都有挑战自身潜力的渴望。对成功怀有强烈渴望的人尤其如此。他们渴望挑战困难，以此来超越自己，证明自己。对于这样的人，你越

是表明某事难干，他越有可能去干。

比如，对你的下属，你告知他某项工作难度很大，没有一年的时间是完不成的。他可能心里已经在想：是不是太小看我了，我偏要试试，把时间控制在 10 个月内！结果，他真的 10 个月不到，就顺利完成了项目。

你有求于人，告诉对方，你所求之事不是一般人所能办成的。可能不用你催促，他早已在你限定的时间内把事情办妥了。见到你，他或许会一脸得意："你不是说很难办吗，我看没有你说的那么可怕。"你也笑，笑他中了计，把事给办成了。

在体育场上，人们的这一心理体现得尤为明显。

一个运动员，羽翼未丰，先给自己树立一个赶超对象。可教练对他说，"要想赶上 XX 不容易，要想超过 XX 几乎不可能"。结果，他偏不信邪，不仅赶上了对方，还超过了对方。

一个运动员，在该项目排名第一，但仍不罢休。为什么？因为他还有自己这个强大的对手需要挑战，今年挑战自己去年的纪录，明年挑战自己今年的纪录，永无止境。但也正是这种挑战精神，世上才有了无数的"破纪录"。

也因为有了挑战的欲望，人类创造了一个又一个的奇迹。

当然，不同的人在困难面前的表现是不一样的。哪些人更可能有挑战的欲望呢？

如果你在玩游戏，周围的人也想玩，你告诉他（她），这游戏很难玩，通常一上手就死。他（她）的反应可能有两种：

第一种，"难？那就算了。"第二种，"难？我不怕，越难我越想玩，那才叫刺激！"

第二种人是更有挑战欲望的人，一般而论，人多半有进取心、好奇心、好胜心和勇敢、乐观、勇于冒险、敢于承担的良好品质。喜欢挑战困难、挑战自我的人，如果给他安排一些没有挑战性的工作，他的挑战欲得不到满足，他的积极性也不会很高。如果给他安排一些困难的工作，反而能激发他的斗志，调动他的工作热情。

所以当你需要他人去做某一件事情的时候，最好就是用困难去激励他。

贬低刺激，请将不如激将

请将不如激将。激将法是一种扰乱对方的心理从而达到说服人目的的语言技巧。在使用激将法时，常常能够使被说服者感情冲动，从而打乱他的思维方式，做出一些在平常情况下不会做出的事情；激将法还可以激起对方的愤怒、自尊心、嫉妒心以及羞耻感等，在这种情况下，处于激动之中的对象便已上了激将者的当。

激将法可以直接刺激，也可以间接刺激。但是直接刺激过于明显，很容易暴露出自己的真实意图，而间接刺激则可以在悄无声息之中将事情完美地解决。间接刺激对方，即运用当事人身边的其他人去影响对方，通常人们用得比较多的是间接刺激法。

有些自以为是的人，常常想在全世界面前显示出他的与众不同和优势。面对这样的人，与其发生正面冲突，还不如故意冷落他，将其"束之高阁"，对他的光芒视而不见，让他引以为傲的优势受到抑制。这种天生具有优越感的人是很难接受这种现实的，所以情绪失控也是预想之内的事情。

人的自尊心一旦受到强烈的打击或是伤害，往往会有一种强烈而短暂的情绪爆发，处在这种情绪状态下的人，往往不能客观、全面地分析问题，所以常常被对手所利用。

在人际交往中，适当地刺激一下对方，往往很容易让当事人改变或是动

摇原来的立场和态度。这是因为，激将法常常带有一些贬损之意，一旦你给对方戴上不公正的帽子，自然会激起对方极力维护其良好形象的欲望，从而用实际行动或是言语表明自己的立场，自动自觉地依你的思路行事。

某公司下属部门的销量排行一直在末位，严重拖了此地区销量的后腿。虽然该部门负责人对员工软硬兼施，可是员工的积极性依然不是很高。于是，经理找来部门负责人，让他把其他单位的销售额曲线图放大一倍张贴在单位显眼处。在部门负责人照做后的第一天，员工们就看到了那幅巨图，受到很大刺激，结果他们当天就积极地投入到工作中。后来，他们当月的销售额果然有所上升。

激将法不失为求人办事时的一种策略，它往往会让对方主动地去帮助你把事情做成、做好。在求人时故意把事情的难度加大，也是为了让他人产生"你觉得他很难办成这事"的感觉。

《三国演义》里，在马超率兵攻打葭萌关时，诸葛亮知道马超能力超群，也明白军中只有张飞和赵云可以与马超抗衡，但是当张飞听说马超要进攻而前来请求出战时，诸葛亮却当做没听到，并且对刘备说："马超智勇双全，无人可敌，除非往荆州唤云长来，方能对敌。"张飞听完就急了："军师为什么小瞧我？我曾单独抗拒曹操百万大军，难道还怕马超这个匹夫？""马超英勇无比，天下的人都知道，他渭桥六战，把曹操杀得割须弃袍，差一点丧命，绝非等闲之辈，就是云长来了也未必能战胜他。"诸葛亮继续激他。张飞气愤到极点："我今天就去，如战胜不了马超，甘愿受罚！"诸葛亮见张飞已经被"激"起来，就顺水推舟说："既然你肯立军令状，便可让你会他一会。"正是诸葛亮"小看"张飞对其进行刺激，张飞才会有后来的英勇表现。

没有人愿意服输，向对方表明事情很难办，因为人的好胜心的缘故，反而会促使对方下定决心去做，而且会把事情做得更好。让人办事巧妙地运用这种方法，有时会比正面的夸奖更容易达到目的。

平易近人，体现亲和力

领导者平时待人和蔼可亲，平易近人，时时体贴关怀员工，让员工感受到贴心的关怀和温暖，就会与员工之间形成十分融洽的关系，赢得员工的倾情奉献，回报以忠诚和效益。

语言对维护领导者的形象，树立领导者的威信有着重要作用。如何用自己的语言来赢得足够的威信是个人语言艺术的一个关键问题。

玛丽·凯公司是一家知名的化妆品公司。为了扩大自己公司产品的影响，玛丽·凯女士自己用的化妆品都是由本公司所生产的，并且她建议公司职员不要使用其他公司的化妆品。因为，她不能理解凯迪拉克轿车的推销员开着福特轿车四处游说，以及人寿保险公司的经理自己不参加人寿的保险。那么，她又是如何同职员交流这一想法的呢？

有一次，玛丽·凯发现一位经理正在使用另外一家公司生产的粉盒及唇膏。她借机走到那位经理桌旁，微笑地说道："老天爷，你在干吗？你不会是在我们公司里使用别的公司的产品吧？"她的口气十分轻松，脸上洋溢着微笑。听完后，那位经理的脸微微地红了。几天后，玛丽·凯送给那位经理一套公司的口红和眼影膏，并对她说："如果在使用过程中觉得有什么不适，欢迎你及时告诉我。先谢谢你了。"再后来，公司所有的新老员工都有了一整套本公司生产的适合自己的化妆品和护肤品。玛丽·凯女士亲自作了详细的使用示范。她还告诉员工，以后员工在购买公司的化妆品时可以享受打折优惠。

玛丽·凯亲和的态度，友善的口语表达，使她自然而然地与员工打成一片，成功地灌输了她的正确的经营理念。

具有亲和力的说话方式，其优点是易于消减人与人之间的隔膜，进而使传达者有效地把自己的思想传递给被传达者。

如果把我们所要表达给别人的思想比作佳肴的话，那么我们可以把亲和力比作盛装佳肴的器具。如果这器具是脏兮兮且令人讨厌的，恐怕不会有人愿意品尝盛在其中的佳肴吧？

某厂面向社会招聘厂长。在招聘会上，三位投标人讲述自己的治厂方案，代表们不断提问，投标人当场答辩。其中一个女干部一举中标，荣任厂长。我们可以看一下她是如何通过施展亲和力在王位投标人中脱颖而出的。

问："你是个外行，靠什么治厂，怎样调动起大家的积极性？"

答："论管理企业我并不认为自己是外行，何况我们厂还有那么多懂管理的干部和技术高明的老工人，有许多朝气蓬勃、勇于上进的年轻人。如果我上任的话，会把老师傅请回来，把年轻人的工作、学习和生活都安排好，让每个人都干得有劲，玩得舒畅，把工厂当成自己的家。"

问："咱们厂不景气，去年一年没发奖金，如果我要求调走，你上任后能放我走吗？"

答："你要求调走，是因为工厂办得不好，如果把工厂办好了，我相信你就不走了。如果你选我当厂长，我先请你留下看半年有无起色再说。"

话音刚落，全场立即响起了掌声。

问："现在正议论机构和人员精简，你来了以后要减多少人？"

答："调整干部结构是大势所趋，现在科室的干部显得人多，原因是事少，如果事情多了，人手就不够了。我来以后，第一目的不是减人，而是扩大业务、发展事业……"

问："我是一名女工，现在怀孕7个多月了，还让我在车间里站着干活，你说这合理吗？"

答："我也是女人，也怀孕生过孩子，知道哪个合理，哪个不合理，合理的要坚持，不合理的一定改正。"

女工们立即活跃了起来。有的激动地说："我们大多是女工，真需要一位体贴、关心我们女同胞疾苦的厂长啊！"

这个故事进一步向我们展示了亲和力的现实意义，也告诉我们亲和力不是巴结和献媚，它更是一种心与心的平等交流和互惠。

放下架子，不拿腔拿调

作为领导者，应当去除官僚主义风气，放低姿态，与员工谈话时显示出亲切、平等的风格。这样才会满足员工的自尊心理需求，受到员工的欢迎，便于工作的顺利开展。

我们经常会听到这样的议论：

"嗨！我们这个单位的领导，官虽然只有芝麻粒大，架子摆得倒不小。哼，他越是这样子，我们就越懒得理他！"

"你们单位的领导讲起话来怎么是那个样子，拿腔拿调的，真让人受不了！"

对于言行举止爱摆架子的领导，人们很不喜欢，但现实中却不乏这类领导。这些领导与领导之间关系难处，而且领导与被领导者之间关系也难处。爱摆架子的领导表现为：

（1）和普通群众保持一定距离。他们平时总是紧绷着面孔，轻易不下基层，轻易不接触群众，把和群众开玩笑、打成一片看成是有损领导威信的

事。有时在现场就能了解的问题，却总是安排他人到办公室来向他汇报，问东问西，还不时提些问题，以显示自己的气度和水平。

（2）认为自己比别人高明。领导之所以能成为领导，就是在某些方面比别人高明一些。但是，爱摆架子的领导却将这一点过分绝对化了。不是认为自己高明一点，而是认为自己要高明得多；不是认为自己在某个方面要高明，而是在所有的方面都高明，这种缺少自知之明的心理所产生的结果，往往适得其反。

刘备为给关羽、张飞报仇，兴百万之师去讨伐东吴，孙权从阚泽言，起用陆逊为主将，统率三军抗刘。消息传来，刘备问陆逊是谁？马良回答说是东吴一位书生，年轻有为，袭荆州便是他的计策。刘备大怒，非要擒杀陆逊为关羽、张飞报仇。马良劝谏道，陆逊有周瑜之才，不敢轻敌。刘备却嗤笑道："朕用兵老矣，岂不如一黄口孺子耶！"用兵打仗之道，注重的是谁能把握战机，深谙谋略，与年龄无关。刘备自称"朕用兵老矣"，夸口自己经历的战争多，谋略周全，这是不切实际的狂言。"岂不如一黄口孺子耶！"他嘲讽陆逊是乳臭未干的小毛孩，看不起陆逊，这是轻敌的思想，是未战先败了一阵。后来，陆逊用计火烧连营八百里，令刘备吃了大败仗。

刘备打败仗的教训启示人们，领导在考虑问题时，不能把自己的身份摆进去。按自己的职务看问题，就会少了客观性，多了盲目性，这样考虑问题就不周全，处理问题就会产生误差，脱离实际，造成损失。刘备说"朕用兵老矣，岂不如一黄口孺子耶"，这句话联起来，还归结于他爱摆领导的架子，因此酿成千古遗恨。

为什么有的领导爱摆架子呢？这是由于在一些人的内心深处，形成了浓厚的等级观念，将人分为上、中、下几等，觉得官当得越大，似乎就越是高人一等。这些人一旦当了官，就洋洋得意，忘乎所以，情不自禁地显示出比别人高出一等的样子来。

从树立领导的威信方面来说，那些凭借本人的真才实学、高超的业务水平和工作能力，与众人建立密切的感情关系的领导，其威信无疑会更大。而那些借领导的资历、官职的大小，说话常摆出一副官样的领导，其威信实则更小，容易成为孤家寡人。

过分突出自我，藐视他人的存在，严重脱离群众基础，这不是现代领导的做派。作为一名现代领导人，还是少摆架子为好。

用商量的口气下达指令

当一个人受到他人的强制时，心理上会很自然地产生反抗，同样的事，自愿去做和受到强制去做，效果会相差很远。而且，被强制去做心中总是很不情愿。因此，要想让下属按照你的建议去做，应尽量多用商量的口气。

领导的职责不仅是让属下服从，而且要知人善任，使他们能够更好地完成指令。

下级对上级领导布置的任务和下达的命令，总是能够比较认真负责地完成。但是也会发生这种情况：主管领导布置完工作，下级迅速地回答"我懂了"，领导为此感到很安心。但事实上下级并没有真正着手去做，下次领导追问时又令领导感到非常伤脑筋。

如果你是领导，怎样对待这样的下级？

领导对于下级所说的"我懂了"，应该准确地弄清它的含义，并准备应付的具体措施，通常以下几种情况值得领导注意与借鉴。

第一，有些下级回答所说的"我懂了"，作为领导应该准确地弄清它的含义，选择是否要大胆地让他放手展开工作。这个判断建立在平时，注意观

察下级的性格，了解下级的心理和语言习惯的基础之上。

第二，有些下级漫不经心，不考虑后果，只因为当时领导过问便随便回答。到了真正工作时，才发现力所不能及，难以应付而后悔莫及，最终没有着手去做。

对于这种下级，领导必须给予明确的指令和命令，并严格限定期限，在期限之前严加督促，适当给予一些必要的帮助及鼓励，使他能较好地完成工作任务。

第三，有些情况下，下级会用抗拒的口吻说"我懂了"，语气响亮，态度倔强，似乎在驳斥领导的指示方法和内容有问题，因此自己很不服气。甚至平时对领导尊敬、服从的下级也会这样做。

这时领导就应该反省一下自己的命令和指示是否有问题了。自己是否考虑不周，武断地下了指示，部下才如此抗拒？如果是这种情况，部下即使没有着手去做领导布置的工作，也不能过于责备他了。

领导下命令给下级时，也应该考虑下级的心理，一厢情愿地下命令，容易招致下级的反感和反抗。

比权威和压服更好的办法是使下级心悦诚服，体谅领导的苦心。

做领导的发布命令不可能事事都如下级的意，使下级非常乐意主动去做，有些命令下级不愿意执行，有些工作下级不愿意去干，这就需要领导有说服能力，劝说下级去干他所不愿意干的工作。

先来谈谈怎样说服下级干他所不愿意干的工作。首先，让下级感觉到领导让其干这份工作的信赖和诚意，但命令是命令，不能用乞求的口气来求他干，而应用坚决的态度、坚定的口气来下达指示。其次，适当地提示下级正确的做法，给予适当的照顾和关心，使下级即使为了报答你的关怀，也要干好这项工作。

同上面所说的相反情况是，遇到棘手的复杂工作而吩咐下级去干时，以劝服和协商为主。因为下级本来就为自己能否胜任这一工作而惴惴不安，如果采用高压手段，下级会更恐慌："万一干不了或干坏了，领导会怎么处置我呢？还是拒绝算了！"或者下级因为工作妨碍到个人的休息和正常生活而不愿干，领导也不能以权力威胁于他或干脆就放弃了。

这时候改变一下方式，用商量的口气要求对方完成某项棘手的任务，部下也许能心甘情愿，将工作做得更好。

当你要下级遵照你的意思去做事情时，最好是用商量的口气。不要说我要你这样或那样去做，而是用商量的口气说道："你看这样做好不好呢？"比如你要你的秘书写一封信，把大意讲了以后，可以再问一下："你看这样写是不是妥当？"如果有要修改的地方，可以说："如果这样写，你看怎样？"领导虽然站在发号施令的角度，可是也要懂得下级是不爱听命令的，所以最好不要用命令的口气发号施令。

攻心话术　表扬下级要把握尺度

美国著名企业家、化妆品公司总裁玛丽·凯曾经说："对于下级，最强有力的肯定方式，是不需要花钱的，那就是赞扬。我们都应该尽可能地随时称赞别人。这犹如甘霖降在久旱的花木上的反应。"

的确，赞扬下级是教导下级、鼓励下级、调动其积极性的一项重要技巧。但是，表扬也是要讲究原则的，否则会让下级感觉你是虚情假意，逢场作戏的，使表扬失去应有的效力。

1. 表扬的内容要具体

表扬本来是激发工作热情的一种有效方法，但运用不适宜就会令下级反感。因此，领导在谈话中表扬下级时应斟酌词句，要明确具体。比如，有些

领导表扬下级时使用这样含糊的评价："你工作得很好。"其实，以这种方式表扬是毫无用处的，因为他们没有明确赞扬评价的原因。一般来说，用语越是具体，表扬的有效性就越高，因为下级会因此认为你对他很了解，对他的长处和成就非常尊重。

2. 表扬要实事求是

领导对下级的表扬是对其工作的肯定和认可，对于激励下级、树立领导威信具有不可替代的重要意义。领导首先要明辨是非、善分良莠，将自己的表扬建立在事实根据的基础上。这样，"铁证"如山，大家才能心服口服，自觉效仿，使上下级之间、同事之间关系保持和谐、团结。

对于一位领导来说，要做到实事求是，论功行赏，首先必须掌握公正这一原则。不管是谁，只要他出色地完成了工作，哪怕是仅仅提供了一条有创意的思路，都应该受到表扬。领导一定要坚持表扬的无私性，只有这样才能充分发挥表扬的效力。

3. 表扬要抓住时机

在与下级的谈话中，要把握住有利时机去表扬对方，其效果会是事半功倍，而失掉有利时机，其效果可能事倍功半。一般说来，下级开始为某项工作努力时，就应在开头予以表扬，这是一种鼓励。在工作进行的过程中，领导也应该抓紧时机再次表扬，最好选在他刚刚取得一点成就的时候约谈一次，这样有助于下级趁热打铁，再接再厉。另外，不要忘记，当他的工作告一段落并取得一定的成绩时，下级期望得到总结性的公开表扬。这时，领导不要忘记在总结工作时对其进行分开表扬。

4. 表扬要有实际行动

许多领导都会犯这样的错误，就是把口头表扬作为经常的廉价奖赏，不冷不热地随便抛给下级。在很多下级看来，这样的表扬无异于哄小孩，有还不如没有。

由此看来，领导对下级的长处和优点表示赏识和肯定，仅凭几句表扬的话是远远不够的，还要有实际行动。也就是要求领导要关心和体贴下级，让人觉得他在充分地表达对人才的尊重和爱护。

表扬不但能使上下级谈话时气氛更加活跃，增强领导者与下级的感情，更可以在一定程度上满足下级在荣誉和成就方面的欲望，以使其发挥更大的积极性。

第十七章
这样说话在谈判时占尽先机

开局占据优势地位

万事开头难。完成了谈判前的准备工作，马上就会进行面对面的交锋了。这时，千万要小心，争取在开局中把握主动，好的开始是成功的一半。

在谈判开始的时候，每个谈判者都要逐步进入自己的角色，这就是谈判的开局阶段，要在你占据优势地位的时候，再进入具体谈判的内容，这样你才会掌握主动权。

这个开局阶段虽然只占整个谈判过程的很小一部分，而且似乎与整个谈判的主题无关或关系不大，但却是非常重要的，因为它为整个谈判奠定了基础。

虽然这时候谈判者对谈判尚无实际的感性认识，但仍必须采取非常审慎的态度，因为在这一阶段若失之毫厘，那么在下一阶段也许就会谬以千里。

在淘宝网上面购买过商品的人都会知道这样一个程序：买家看中商品以后，就用支付宝或者是网上银行等在线支付，但是这个钱往往并不是直接给商家，而是支付到了淘宝网上的"支付宝"里面，直到买家收到商品并确认无异议后，买家再进行第二次确认——确认收到商品，这样卖家才能够收到货款。这样既保证了交易的安全，也维护了买方的利益，卖方不得不服务周到，并且确保商品的质量没有问题。这样的交易方式给买卖双方讨价还价留下了余地。

现实中的交易也是一样，如果你是买家，就要争取先验货、试用、再付款；如果你是卖家，应该先争取对方先支付部分款项再正式交货。这个原则不仅仅适用于购买商品，在生活的其他方面也可以灵活运用。

有两个外地人出差到北京，很晚了才下飞机，此时必须乘出租车才能到达他们预订的宾馆，但是路上的出租车很少，好不容易遇到一辆出租车，等他们上车后，司机就说可以不打表，让他们少付一些车费。但这两个人是外地人，怎么知道从机场到宾馆需要多少钱呢？然而因为太晚了，担心找不到出租车，两人便答应了。他们都在想，等到了宾馆再和司机讨价还价。于是司机就把他们带到了宾馆，还未下车，司机向两人索要 150 元钱的车费，他们说："你的车也没有开多长时间，你也不打表，我们怎么知道真正要多少钱？"司机很生气，说道："车都开了快一个半小时了，又是这么晚，我们这里到了晚上九点以后是 8 元钱每公里，我给你们的价格算是便宜的了。要不然我就把你们再载回去。"司机边说边锁车门，两个外地人看到司机的举动，连忙说，既然这样那就算了。他们付完钱后，司机才把车门打开。

其实，从机场到宾馆即使在晚上打车，也差不多只要 80 元，司机要价 150 元等于是多向他们要了一倍的钱。试想一下，如果一开始这两个外地人就坚持要司机打表，也不至于到后来这么被动。即使开始没有坚持要司机打表，如果他们能够等到下了出租车再与司机讨价还价，也不会那么被动地任凭司机宰割了。

要知道，在任何时候都要关注局势的变化。尽量在自己处于优势地位的时候谈条件，以掌握主动权。特别是在开局的时候，一定要掌握主动。

以子之矛，攻子之盾

针锋相对的关键就是看对方用什么手段和方法对付你，你就用什么手段和方法来对付他。如果对方抬高要价，你就提出更高的要求；如果对方搞欺诈，你也如法炮制；如果对方向你发出威胁，你也用威胁回敬他；如果对方拒不相让，你也固执己见；如果对方故意拖延，你也跟着他打持久战……

有一次，一家国企从某国进口了 6 000 辆载重汽车，这种汽车被供货方给予高度赞扬和评价，称其质量为世界一流水平。在国内投入使用 3 个月之后，有几个省市纷纷反映这种汽车存在严重的质量问题，比如出现铆钉松动，车架断裂，等等。为此，我方有关人员及时与出口国代表进行了交涉。

在与对方的谈判过程中，对方谈判代表矢口否认车辆有质量问题，坚持说自己提供的车辆全部通过质量验收，是完全合格的产品，在本国以及其他国家从来都没有因为质量问题而被起诉或者引起任何纠纷。并且对方还一口咬定车辆出现上述情况，完全是由于我国公路的质量不过关造成的。所以应该由我方全部负责，他们没有任何责任。

为了打开谈判的局面，我方谈判代表针对对方否认车辆有质量问题的观点，同对方展开了一场针锋相对的斗智斗勇。我方代表决定从问题的本质入手，也就是汽车本身在制造过程中出现的一系列不合理设计和问题。于是，我方代表派专业人员详细审查了他们的汽车设计图纸。

经过仔细地审查，我方代表终于发现了破绽，随即向对方提出了两个问题：第一，这批汽车是按照双方合同规定，针对中国市场的特殊需要专门设计的。中国公路路况较差，对方在设计和生产汽车时应该加强有关承重部位，而其设计却恰恰相反，不但没有加强，反而还减弱了有关承重部位，这是不应该出现的设计错误。

　　第二，如果对方不信守合同，只顾赚钱，执意不肯承担设计错误的责任，那么我方将把此事公之于众，让全世界的用户都知道对方这种极其不诚信的做法。这样对方将在国际市场上丧失信誉，造成的后果将难以想象。

　　由于我方代表提出的问题极有针对性，以尖锐有力的论据击中了对方的要害，致使对方不得不低头认错，答应承担全部责任。双方经过进一步谈判，终于达成协议：对方接受全部退货，更换新车，并且赔偿我方数额不菲的间接经济损失。至此，我方谈判代表采用针锋相对的谈判技巧和方法，赢得了谈判的最终成功，不仅为国家挽回了经济损失，还维护了我方的尊严。

　　使用针锋相对的谈判技巧，无论是在政治谈判还是经济谈判中要注意以下几点：首先，要有很强的针对性，要击中对方的要害，如果不具有针对性，不能切中对方要害，就谈不到针锋相对的问题，也就达不到阻止对方攻势、维护己方利益的目的；其次，使用针锋相对法还要求提出的论据要尖锐有力，或者摆事实，或者讲道理，让对方感到无可辩驳，才能够站得住脚，使自己居于有利的谈判地位。

　　有很多智慧的寓言故事也说明了这个道理：一天，国王请阿凡提和一些大臣去王宫里吃西瓜，席间一位大臣因为与阿凡提闹矛盾，就想让他出丑，看他笑话。在吃西瓜的时候，这位大臣趁阿凡提不注意，把自己吃剩下的西瓜皮全部都放在阿凡提的旁边。快吃完的时候，这位大臣突然对阿凡提说："你是不是很久没有吃东西了？怎么就你面前的西瓜皮最多？"周围的人全都取笑阿凡提。阿凡提不紧不慢地说："尊敬的大人，我吃得多没什么，问题是您怎么连西瓜皮都吃下去了？"大家发现这位大臣一块西瓜皮都没留下，顿时满堂大笑。

　　面对那位大人的取笑，阿凡提聪明地将计就计，给了对方一个狠狠的回击。在谈判过程中，对方可能用各种各样的策略来对付你，这一切无非都是为了让你慌张，使你的思想离开你的计划。为使你能成功地反击这一切，首

要的还是你得认识它们。实际上，能做到知彼，这本身就足以击破对手的一切进攻。关于如何反击的策略，以及你自己如何应用它们，可以参考以下策略：

恐吓——通常应不予理睬。

说谎——请他提出证据。

虚张声势——即以其人之道还治其人之身，以免中计。

拖延时间——强迫对方前行。

以期限相威胁——不理这一套，那只不过是在强迫你作出反应。

最后通牒——回敬他一句："这只是贵方的决定，与我们无关！"

震慑——跟他对着干。

当然，上述这些策略以及应对它们的办法，并不是在任何情况下都可以照搬的。最好事先估计一下某种策略可能起的作用，然后再根据不同谈判和不同情况，采取最佳的反击措施。

值得注意的是要区分哪些是你应当作出反应的策略，哪些是不予理睬的策略。在一次谈判会议上，你可能同时受到对方的吹捧、恐吓和震慑等，如果能识破它们都是些什么，那它们对你将没有或极少能产生作用。在绝大多数情况下，不理睬对手的花招就够了。

另外，反击能否成功，主要看提出反击的手段与方法是否正确。反击只有在对方以恐吓战术来威胁你时方能使用，所以它也可以说是一种防卫策略。反击的本质是"借力使力"，即利用对方的力量，再加上自己的力量，发挥"相乘效果"，从而获得成功。

坚守底线，绝不妥协

谈判中，在客观标准问题上、原则问题上要当仁不让、寸土必争，特别是涉及自己的根本利益时，要坚守自己的底线，绝不妥协退让，你就不会吃亏。

坚持就是胜利，这在谈判中也是非常重要的原则。有这样一则故事：在美国的一个边远小镇上，由于法官和法律人员有限，因此组成了一个由12名农民组成的陪审团。按照当地法律规定，只有当这12名陪审团成员都同意时，某项判决才能成立，才具有法律效力。有一次，陪审团在审理一起案件时，其中11名陪审团成员都已经达成一致的看法，认定被告有罪，但是另外一名陪审团成员却不这样认为，认为应该宣告被告无罪。审判陷入了僵局。其中的11名代表用尽浑身解数企图说服另外一名成员，但是这个成员就是不肯改变自己的看法。从早上到下午还不能结束审判，11个成员都有些心神疲倦，但是那另外一个成员还是丝毫没有让步的意思。

突然，天空布满了阴云，一场大雨即将来临。那11名成员都为自家晒在外面的粮食着急，他们都希望赶快结束这次判决，尽快回家去收粮食。于是都对另外一个成员说："老兄，你就别再坚持了，眼看就要下大雨了，我们各家各户都有粮食在外面晒着，我们还是赶快结束谈判回家收粮食吧。那些粮食可是我们的命根子啊。"可是那个成员却丝毫不为之所动。另外11个成员急得团团转，为了尽快结束这令人难受的讨论，11个成员都开始动摇了，考虑改变自己的立场，渐渐地他们再也忍受不住了，纷纷表示愿意改变自己的观点，宣告被告无罪。

本来，在12名成员中，有11名成员主张被告有罪，而只有1人认为被告无罪，双方因此发生争执。按理说，11个人的力量要比1个人的力量大。可是由于那1个人坚持己见，更由于大雨的即将来临，使那11个人最终被迫改变了看法，转而投向另一方。在这个故事中，由于1个成员的坚持，导致另外11个成员改变了立场，这不能不说是取得了巨大的胜利。

我们在生活之中还会看到这样的一幕：饭桌上一位母亲要孩子吃完一碗

饭，孩子不吃，说："已经吃了很多了，吃不了了，想吃冰激凌。"因为吃饭对孩子的身体有益，这位母亲哄着孩子吃饭，说："那你吃半碗饭，就让你吃冰激凌。"孩子仍然不肯吃。最后，这位母亲说："那你再吃一口，再吃一口我就让你吃冰激凌。"孩子仍然坚持说："不，我现在已经很饱了，再吃一口我就吃不下冰激凌了。"最后这位母亲妥协，给了孩子冰激凌。孩子的胜利在于他的坚持，他坚持了自己的观点，并不做丝毫的退让，最终得到了自己想要的冰激凌。

我们在谈判过程中也要有那位陪审团成员和孩子的这种坚持精神，坚守住自己的底线绝不让步。但是并非谈判中每一点都值得自己那么坚持，如果不加选择地坚持，不仅达不到效果，反而会被对方认为做事不灵活，生搬硬套。我们在谈判中该坚持的就要坚持；不需要坚持的就要懂得让步，否则会谈崩的。

如果是处于领导地位的人，在与下级的讲话谈判中就更加要注意立场的坚定了。因为，一个立场不坚定、没有主见、被人左右的领导是无法得到下级的尊重与服从的。领导的威信也是在平时说话与做事过程中体现出来的，对于自己权限范围内的事，一定要当机立断，一旦表明了立场就要坚定，毫不动摇。要真正做到"一言既出，驷马难追"，话一出口就尽量不要改变。尤其在工作中，作为领导总会对有关的工作、事务作出安排，而且无法做到事事人人照顾周全，如果有下级向你抱怨，你应该从一个领导的尊严和威严出发，坚定立场、坚持决定，不要轻易改变已说出的话，确保政令的畅通。

李梅是一个大学的图书管理员，但是有一天校领导安排她去学校的多媒体教室管理电脑。李梅很苦恼，因为她大学学的专业就是图书馆管理，对于电脑是一窍不通，再说多媒体教室都是很贵重的教材设施，害怕自己出错的话，会造成学校财产损失。于是她就找到校长，把她的忧虑告诉了校长，并恳请能够继续从事以前的工作。

校长听完李梅的诉说，道："李梅，你的担心我能够理解。但是你有没有想过，你才大学毕业两年，人还年轻，应该多接触一些东西，多学习一些东西。现在学校建多媒体教室，也是跟着社会的发展步伐走，现在很多学校都有自己的语音室，学生学习外语就很方便。你不了解电脑，正好可以借工作的机会好好学习，对于你自己也是会有帮助的。你说是不是？"李梅想想校长的话，确实是这样的，于是欣然接受了学校的决定，并且在之后的工作中做得非常出色。

对工作的突然调整，很多人心里都可能接受不了，总会有这样或是那样的理由，此时做领导的不要因为下级的一时抱怨就改变决定。因为作出决定前，肯定也是经过仔细考虑的，对下级的工作作出调整肯定也是为了工作的需要。即使决定有不妥之处，也要在以后的执行过程中慢慢才知道。所以作为领导，一定要坚持自己的决定，不可轻易更改，否则今后的工作难以开展。

黑脸白脸一唱一和

在谈判活动中，软硬兼施的技巧和方法也经常被谈判者使用，而实现对谈判对手软硬兼施的一个重要方法就是黑脸白脸策略。

在谈判刚开始时，要由唱黑脸的坏人率先登场。这种谈判者要表现得傲慢无礼、态度强硬，他的要求要极其苛刻，狮子大开口，目的是使谈判对手对这次谈判产生极大的反感或者畏惧。当谈判双方气氛紧张、谈判陷入僵局的时候，就要由唱白脸的好人登场了。这种谈判者要表现得一团和气，以诚恳的态度，合情合理地对待对方，给人的感觉极其友善。黑脸白脸一唱一和，软硬兼施，在这一软一硬的过程中，实现自己的谈判目的。在警察局就经常

可以见到这种策略的应用。

　　警察把犯罪嫌疑人带到警察局去审问。第一个审问他的警察是一个长得凶巴巴的、态度粗暴的人，他蛮不讲理、咬牙切齿地威胁嫌犯。然后这个警察就被别人叫出去接电话了，接着进来审问嫌犯的是一个温和、友善的警察。他坐下来，同嫌犯交心。他甚至递给嫌犯一支烟，说："听着，孩子，情况没那么严重，我挺喜欢你的，我知道你犯了法。为什么不让我看看能帮你做些什么呢？"于是，在感激与感动之中，不知不觉地，嫌犯就中了警察的圈套。商业谈判中的道理与此完全相同。

　　要想唱好黑脸白脸角色，不仅要在谈判之前准备好好人和坏人的人选，更重要的是，黑脸和白脸，即好人和坏人一定要相互配合好，要齐心协力演好这出戏才行。从谈判的实践来看，黑脸主要有胁迫和吓阻两大类目的。胁迫就是叫对方做某件事，通常就是在对方已经做了，我们叫他撤回的情况。吓阻则正好相反，就是叫对方不做某件事，用于防患于未然。无论是哪种形式，只要黑脸按照自己既定的任务做了，就一定担负着某种风险。比如，如果我们威胁对方："限你在某年某月某日之前做某件事，否则你将会受到某种惩罚。"这个时候，如果他做了，他就会很没面子；但是如果他没做，即我们威胁了却没有兑现惩罚，那么我们一样很没面子。所以，在具体的谈判中，你可以没有黑脸白脸，但是只要有了黑脸，就一定要有白脸，否则，便会骑虎难下。黑脸和白脸由谁扮演并无定论，有的时候是下级扮黑脸，上级扮白脸，有的时候是下级扮白脸，上级扮黑脸，不一而足。但是无论如何，只要有了黑脸，就一定要准备好白脸。因为这一策略成功的关键，就在于黑脸白脸的相互配合。

　　但是，所有的黑脸战术都要见好就收，为对方留个余地，这样才能维护双方的关系。因为，任何黑脸战术，己方一样要付出成本的。

利用逆反心理将计就计

人都有逆反心理，巧妙地利用这种逆反心理，可以到达你的目的。当然，这种手段的利用需要娴熟的技巧，需要对局势把握得当；否则，被对手识穿，来个顺水推舟，将计就计，就会有苦也说不出。

在谈判这种紧张的气氛中，谈判双方都有很强的逆反心理。逆反心理是客观环境与主体需要不相符合时产生的一种心理活动，具有强烈的抵触情绪。换言之，逆反心理是指客体与主体需要不相符合时产生的具有强烈抵触情绪的心理态度。

比如，对于先进人物的宣传，一些人的反应不仅冷淡，而且反感，甚至贬低宣传及宣传者；当见到商品广告出现"价廉物美"字眼时，很多人的第一反应是"这种商品的质量肯定是次的"；还有人说："我一见到他就反感，一听到他讲话就不舒服"……凡此种种，都是逆反心理的表现。

逆反心理会使人作出不合常理的事情，产生敌对情绪。通常会对正面宣传作反面思考。例如，一位男士正在向他的朋友述说他是如何害怕因为晚上玩牌回家迟了而被妻子责骂的。"你不会相信每次我都是怎样设法避免弄醒我妻子，"他说，"我每次回家总是离家老远就把发动机关了，靠惯性把车驶进停车房，然后轻轻打开房门，脱下鞋子，蹑手蹑脚地走进卧室，可是就在我马上要上床时，我妻子总是突然醒来，并随之给我一顿训斥。"

他的朋友说：令他意想不到的是，"我每次回家时总是故意弄出很大声响。"

"真的？"

"当然。我每次一到家门口就按响喇叭，进家后再用力把门关上，然后打开房间里所有的灯，故意跺着脚走进卧室，并给我妻子一个深深的吻，'嘿！

艾丽丝，'我对她说：'吻我一下好吗？'"

"那她说什么？"这位男士有点不大相信地问他的朋友。

"她什么也没说，"他的朋友回答，"她总是假装睡着。"

其实只要掌握人们的这种逆反心理，懂得利用人们的逆反心理，很多事情就能够顺利得到解决。在谈判中也一样。

有一个承包商在承包一项安装工程时遇到一个难题，他不能与对方达成一致的原因是：关于支付工人的酬金是按照一次性总付计算还是按照工人们每人每天计工付酬。有一个很重要的原因就是，如果按照工人每人每天付酬的话，工人的积极性就会相当低，因为工人每多劳动一天就会多得一天的工资，而每天的劳动量却不能够具体计算甚至规定出来，具有相当大的伸缩性。这样的话，承包商就不得不多付给工人很多不必要的工资，此次承包工程的利润就会大大降低。而且由于工人的积极性不够高，在监督上也会遇到意想不到的麻烦与困难。

通过反复的考虑和衡量，承包商决定一次总付计价，因为这样不但可以节省不少的工人薪酬，在管理上也可以节省很多精力，而且还可以不让买方介入到经营的具体细节中去。而承包商自己就可以有更大的伸缩余地，此项承包工程的利润就会更加可观。为了使对方同意自己一次性总付计价的方案，承包商在双方谈判中就利用了人的逆反心理的谈判技巧，一开始他就向对方建议以每人每天的工资为基础计价，罗列出这样计价的种种好处与优点，并且声称这项工程有相当大的风险，非常不好开价。这样一来，买方从心理上排斥承包商罗列的各种理由，反而觉得一次性总付计价对自己的好处更大，承包商越是指出风险的严重性，买方越是感到还是按照承包商所极力避免的一次性总付计价更为划算一些。在这个问题上，双方的谈判进入了僵持局面，买方和承包商各自坚持己见，互相之间都不肯让步。当然，承包商的坚持是故意使然，他的真正目的是通过自己的不让步让对方感到每人每天的付款方式是对自己非常不利的，而对方可以得到很多好处。他越是坚持，对方就越义无反顾，因此在"坚持"的过程中，承包商还故意露出些许的妥协和退让之意，使得买方更加坚定自己的立场。

最后，随着双方进一步的谈判，承包商作出了"妥协"和"让步"，"放弃"了以每人每天为基础计价的方案，答应按照买方一次性总付计价的方案计价。这样一来，承包商不仅顺利实现了自己的谈判目标，而且还使买方的谈判人员对自己的谈判成功感到高兴，并且深信己方占了大便宜，赢得了谈判。殊不知谈判的真正赢家并不是他们，而是拼命坚持以每人每天的工资为基础计价的承包商。

承包商利用了人的逆反心理，让对方相信自己的选择是对自己有利的，对方就只有向相反的方向去要求，这样的结果正是承包商所期待的。

在特定的情况下，人们总是抱有一种逆反心理，一方要想得到的，另一方总是想方设法加以阻止；一方不愿意让步的，另一方还非得希望其作出让步。这种逆反心理往往会增加谈判各方的竞争性和对抗性，不利于谈判各方达成一致，使原本可以达成的协议被迫流产，使可以成功的谈判归于失败。

聪明的谈判者就善于利用对手的逆反心理，在谈判中故意作出一种姿态，好像某一项要求或条款对己方非常重要，但是真正的目标却恰恰相反。当然，这种手段掌握要非常到位，否则只能弄巧成拙。

针对对方利用逆反心理的谈判技巧，可以在了解对方的基础上，给他来个顺水推舟，如果对方表现出不关心某个方面，谈判者也装做不关心；对方对哪方面感兴趣，己方就可以在可能的情况下接受对方的建议，因为对方不需要的恰好是其表面上感兴趣的，而对方想得到的恰好就是表面上不感兴趣的。这样对方只会落得个"哑巴吃黄连，有苦说不出。"

最后通牒与反通牒

最后通牒是一种行之有效的策略。在谈判中，人们对时间总是非常敏感的。特别是在最后关头，经过激烈的讨价还价，在许多交易条件上已经达成一致，只是在最后的一两个问题上相持不下。这时，如果一方发出最后通牒，另一方就必须要考虑一下，自己是不是准备放弃这次交易，前面已经投入了巨大的谈判成本，这时候再放弃往往不值得。如果你的对手没有足够的勇气和谈判经验的话，那么，他往往选择的就是退却，作出让步以求成交，你也就大功告成了。

要想成功地运用这一策略来迫使对方让步，你必须具备一些条件，否则，你的如意算盘也会落空的：

1.最后通牒应令对方无法拒绝

发出最后通牒，必须是在对方走投无路的情况下，对方想抽身，但为时已晚，因为此时他已为谈判投入了许多金钱、时间和精力。而不能在谈判刚开始，对方有路可走的时候发出。

2.最后通牒应令对方无法反击

如果对方能进行有力的反击，就无所谓最后通牒。你必须有理由确信对方会按照自己所预期的那样做。

3.发出最后通牒言辞不能太尖锐

你必须尽可能委婉地发出最后通牒。最后通牒本身就具有很强的攻击性，如果谈判者再言辞激烈，极度伤害了对方的感情，对方可能由于一时冲动铤而走险，一下子退出谈判，这对双方均不利。

最后通牒是一把双刃剑，实施它时需要一定的条件和技巧，使用时要慎之又慎，否则会导致谈判破裂。因为它实际上是把对方逼到了角落，置对方于毫无选择余地的境地，容易引起对方的反感与敌意。最后通牒策略使我方以极其强硬的形象出现在对方面前，它的最后结果是可能促使谈判成功，也可能导致谈判中断。无论是政治谈判、军事谈判还是商务谈判，使用最后通牒并不是一种常规的做法，它是一种在特定的环境中不得已而为之的策略。最后通牒中的最后出价和最后时限不但针对对方，同时也给我方套上了枷锁，双方在其中都没有回旋的余地，所以很容易造成双方的尖锐对抗，导致谈判破裂。所以，谈判者在使用这一策略时，一定要在考虑成熟的情况下才能使用，否则后果不可收拾。

但一般来说，谈判双方都是有所求而来的，谁都不愿白白地花费精力和时间后又空手而归。特别是在商务谈判中，任何一个商人、企业家都知道，自己一旦退出谈判，马上就会有许多等在一旁的竞争者取而代之。所以说最后通牒谈判策略该用则用！

那么，在谈判中，如果己方遇到对方的"最后通牒"应怎么处理？

1. 分析判断对方"最后通牒"的真假性

这主要是分析在本次交易谈判中双方的谈判实力，特别是交易对双方的重要性：是对己方比较重要，还是对对方更重要。因为这涉及一旦谈判真正破裂，哪一方面的利益损失更大，更有可能是生死存亡的问题。毫无疑问，利益损失的大小会直接影响双方对待中止谈判的态度。

2. 置对方"最后通牒"于一边

通过冷淡以待或改变交易的方式以及其他的交易条件，试探对方的反应，再在新的条件的基础上与对方谈判。己方要谨慎的不要让对方知道己方的真正意图，以防对方把它当作小辫子一样来捉。

3. 权衡利弊得失后再做决定

遇到"讹诈"的最后通牒时，己方就应以牙还牙、针锋相对，作出决不让步的表现，甚至退出谈判；但同时，还要给对方留一个台阶，给别人留条

后路，也给自己留条后路。得饶人处且饶人！如果是真正的"最后通牒"，那己方就应认真权衡一下，作出让步达成协议与拒绝让步失去交易之间的利弊得失，再作出决策。

4. 选择第三种方法

如果你不得不接受对方的最后通牒，向对方作出让步，那么可以考虑改变其他交易条件，力争在其他交易条款上捞回自己失去的好处。

攻心话术　谈判中让步的策略

在谈判中，双方都是必定要让步的，但是让步的幅度不能过大，次数也不能过于频繁，那样的话会过早地让对方知道了自己的底线。

任何一个谈判者对即将举行的谈判都要做好心理准备，以适应谈判场上各种变幻莫测的情况。不同的矛盾有不同的让步方式。如何把让步作为谈判中的一种基本技巧、手段加以运用，这是让步策略的基本意义，而了解让步的形态和选择是运用好让步策略的基础。以下给谈判者提出几点让步的策略。

1. 使对方首先作出让步

首先作出让步的谈判者在心理上往往处于劣势，常会使自己在未获得比较有利的结果时就结束谈判。如果你被迫要首先作出让步，要确保你这样做仅仅是基于你得到了一些回报。

2. 提供一个基本原理帮助对方作出让步

在作出让步时，让步的一方会遭受既丧失立场又损失面子的双重压力。有经验的谈判者在试图克服那些已察觉的不利因素时，会设计好怎么才能帮助对方实现让步，并为他们提供一个作出让步的基本道理。比如，为他人的让步尽量保守秘密等。

3. 仔细计划你作出让步的步骤

继续观察你的让步率和比率给了对方什么印象；巧妙地计划出你的让步内容和步骤；将让步作为全部谈判战略的一个组成部分。

4. 试探地提出你的让步

在谈判中要避免过早地作出承诺，不要在没有预见到长期或短期后果前就作出让步。正确的做法是试探地提出你的让步，然后密切观察对方对你谨慎的提议的反应（口头的或书面的）。可参考的说法如"假如我……你会怎么说？"

5. 交换让步——恳求交换

不管什么时候，都要充分利用社会互惠的习俗，即在提出你的让步的同时，要求对方也作出相应的让步。

6. 让步不能过于频繁

尽管高明的谈判者都清楚谈判中决不能轻易向对手让步，但是他们同时也很清楚，一点让步也没有就不叫谈判了。所以，关键的问题不在于要不要让步，而在于怎样让步。

让步无非有两种组成因素，一个是让步的幅度，另一个是让步的次数。一般来说，让步幅度不能过大，让步的次数不能过于频繁，这样的让步才最容易取得成功。因为，如果让步的幅度过大，或者次数过于频繁，就会轻易暴露自己的谈判底线，使自己陷于被动。

无论你是多么渴望谈成这笔交易，也无论对方如何对你软硬兼施，你向对方让步的次数绝不能过于频繁。

假如你要销售一批产品给对方，你的第一次报价是500万元。对方先开口说："据我们所知，贵方这个报价有些虚高了，显然是在试探我方，请将贵方的真实报价呈上。"于是，你给他降低了20万，成了480万。这时对方又说："我们比较过同类产品的价格，贵方这个价格还是有些偏高。"于